ALEMÃO
VOCABULÁRIO

PALAVRAS MAIS ÚTEIS

PORTUGUÊS
ALEMÃO

Para alargar o seu léxico e apurar
as suas competências linguísticas

5000 palavras

Vocabulário Português-Alemão - 5000 palavras

Por Andrey Taranov

Os vocabulários da T&P Books destinam-se a ajudar a aprender, a memorizar, e a rever palavras estrangeiras. O dicionário é dividido em temas, cobrindo todas as principais esferas de atividades quotidianas, negócios, ciência, cultura, etc.

O processo de aprendizagem, utilizando os dicionários baseados em temáticas da T&P Books dá-lhe as seguintes vantagens:

- Informação de origem corretamente agrupada predetermina o sucesso em fases subsequentes da memorização de palavras
- Disponibilização de palavras derivadas da mesma raiz, o que permite a memorização de unidades de texto (em vez de palavras separadas)
- Pequenas unidades de palavras facilitam o processo de estabelecimento de vínculos associativos necessários para a consolidação do vocabulário
- O nível de conhecimento da língua pode ser estimado pelo número de palavras aprendidas

T&P Books Publishing
www.tpbooks.com

ISBN: 978-1-78400-926-7

Este livro também está disponível em formato E-book.
Por favor visite www.tpbooks.com ou as principais livrarias on-line.

VOCABULÁRIO ALEMÃO
palavras mais úteis

Os vocabulários da T&P Books destinam-se a ajudar a aprender, a memorizar, e a rever palavras estrangeiras. O vocabulário contém mais de 5000 palavras de uso comum organizadas tematicamente.

O vocabulário contém as palavras mais comummente usadas

Recomendado como adicional para qualquer curso de línguas

Satisfaz as necessidades dos iniciados e dos alunos avançados de línguas estrangeiras

Conveniente para o uso diário, sessões de revisão e atividades de auto-teste

Permite avaliar o seu vocabulário

Características especias do vocabulário

· As palavras estão organizadas de acordo com o seu significado, e não por ordem alfabética
· As palavras são apresentadas em três colunas para facilitar os processos de revisão e auto-teste
· As palavras compostas são divididas em pequenos blocos para facilitar o processo de aprendizagem
· O vocabulário oferece uma transcrição simples e adequada de cada palavra estrangeira

O vocabulário contém 155 tópicos incluindo:

Conceitos básicos, Números, Cores, Meses, Estações do ano, Unidades de medida, Roupas & Acessórios, Alimentos & Nutrição, Restaurante, Membros da Família, Parentes, Caráter, Sentimentos, Emoções, Doenças, Cidade, Passeios, Compras, Dinheiro, Casa, Lar, Escritório, Trabalho no Escritório, Importação & Exportação, Marketing, Pesquisa de Emprego, Desportos, Educação, Computador, Internet, Ferramentas, Natureza, Países, Nacionalidades e muito mais ...

TABELA DE CONTEÚDOS

GUIA DE PRONUNCIAÇÃO

Alfabeto fonético T&P	Exemplo Alemão	Exemplo Português

Vogais

[a]	Blatt	chamar
[ɐ]	Meister	amar
[e]	Melodie	metal
[ɛ]	Herbst	mesquita
[ə]	Leuchte	milagre
[ɔ]	Knopf	emboço
[o]	Operette	lobo
[œ]	Förster	orgulhoso
[ø]	nötig	orgulhoso
[æ]	Los Angeles	semana
[i]	Spiel	sinónimo
[ɪ]	Absicht	sinónimo
[ʊ]	Skulptur	bonita
[u]	Student	bonita
[y]	Pyramide	questionar
[ʏ]	Eukalyptus	questionar

Consoantes

[b]	Bibel	barril
[d]	Dorf	dentista
[f]	Elefant	safári
[ʒ]	Ingenieur	talvez
[dʒ]	Jeans	adjetivo
[j]	Interview	géiser
[g]	August	gosto
[h]	Haare	[h] aspirada
[ç]	glücklich	caixa
[x]	Kochtopf	fricativa uvular surda
[k]	Kaiser	kiwi
[l]	Verlag	libra
[m]	Messer	magnólia
[n]	Norden	natureza
[ŋ]	Onkel	alcançar
[p]	Gespräch	presente

Alfabeto fonético T&P	Exemplo Alemão	Exemplo Português
[r]	Force majeure	riscar
[ʁ]	Kirche	[r] vibrante
[ʀ]	fragen	[r] vibrante
[s]	Fenster	sanita
[t]	Foto	tulipa
[ts]	Gesetz	tsé-tsé
[ʃ]	Anschlag	mês
[tʃ]	Deutsche	Tchau!
[w]	Sweater	página web
[v]	Antwort	fava
[z]	langsam	sésamo

Ditongos

[aɪ]	Speicher	cereais
[ɪa]	Miniatur	Himalaias
[ɪo]	Radio	ioga
[jo]	Illustration	ioga
[ɔɪ]	feucht	moita
[ɪe]	Karriere	folheto

Símbolos adicionais

[']	['aːbə]	acento principal
[ˌ]	['dɛŋkˌmaːl]	acento secundário
[ʔ]	[oˈliːvənˌʔøːl]	oclusiva glotal
[ː]	['myːlə]	som de longa duração
[·]	['ʀaɪzə·byˌʀoː]	ponto mediano

ABREVIATURAS
usadas no vocabulário

Abreviaturas do Português

adj	-	adjetivo
adv	-	advérbio
anim.	-	animado
conj.	-	conjunção
desp.	-	desporto
etc.	-	etecetra
ex.	-	por exemplo
f	-	nome feminino
f pl	-	feminino plural
fem.	-	feminino
inanim.	-	inanimado
m	-	nome masculino
m pl	-	masculino plural
m, f	-	masculino, feminino
masc.	-	masculino
mat.	-	matemática
mil.	-	militar
pl	-	plural
prep.	-	preposição
pron.	-	pronome
sb.	-	sobre
sing.	-	singular
v aux	-	verbo auxiliar
vi	-	verbo intransitivo
vi, vt	-	verbo intransitivo, transitivo
vr	-	verbo reflexivo
vt	-	verbo transitivo

Abreviaturas do Alemão

f	-	nome feminino
f pl	-	feminino plural
f, n	-	feminino, neutro
m	-	nome masculino
m pl	-	masculino plural
m, f	-	masculino, feminino
m, n	-	masculino, neutro
n	-	neutro

n pl	-	neutro plural
pl	-	plural
v mod	-	verbo modal
vi	-	verbo intransitivo
vi, vt	-	verbo intransitivo, transitivo
vt	-	verbo transitivo

CONCEITOS BÁSICOS

Conceitos básicos. Parte 1

1. Pronomes

eu	ich	[ɪç]
tu	du	[duː]
ele	er	[eːɐ]
ela	sie	[ziː]
ele, ela (neutro)	es	[ɛs]
nós	wir	[viːɐ]
vocês	ihr	[iːɐ]
você (sing.)	Sie	[ziː]
você (pl)	Sie	[ziː]
eles, elas	sie	[ziː]

2. Cumprimentos. Saudações. Despedidas

Olá!	Hallo!	[haˈloː]
Bom dia! (formal)	Hallo!	[haˈloː]
Bom dia! (de manhã)	Guten Morgen!	[ˈguːtən ˈmɔʁgən]
Boa tarde!	Guten Tag!	[ˈguːtən ˈtaːk]
Boa noite!	Guten Abend!	[ˈguːtən ˈaːbənt]
cumprimentar (vt)	grüßen (vi, vt)	[ˈgʁyːsən]
Olá!	Hallo!	[haˈloː]
saudação (f)	Gruß (m)	[gʁuːs]
saudar (vt)	begrüßen (vt)	[bəˈgʁyːsən]
Como vai?	Wie geht's?	[ˌviː ˈgeːts]
O que há de novo?	Was gibt es Neues?	[vas giːpt ɛs ˈnɔɪəs]
Até à vista!	Auf Wiedersehen!	[aʊf ˈviːdɐˌzeːən]
Até breve!	Bis bald!	[bɪs balt]
Adeus! (sing.)	Lebe wohl!	[ˈleːbə voːl]
Adeus! (pl)	Leben Sie wohl!	[ˈleːbən ziː voːl]
despedir-se (vr)	sich verabschieden	[zɪç fɛɐˈapʃiːdən]
Até logo!	Tschüs!	[tʃyːs]
Obrigado! -a!	Danke!	[ˈdaŋkə]
Muito obrigado! -a!	Dankeschön!	[ˈdaŋkəʃøːn]
De nada	Bitte!	[ˈbɪtə]
Não tem de quê	Keine Ursache!	[ˈkaɪnə ˈuːɐˌzaxə]
De nada	Nichts zu danken!	[nɪçts tsu ˈdaŋkən]
Desculpa!	Entschuldige!	[ɛntˈʃuldɪgə]

| Desculpe! | Entschuldigung! | [ɛnt'ʃʊldɪgʊŋ] |
| desculpar (vt) | entschuldigen (vt) | [ɛnt'ʃʊldɪgən] |

desculpar-se (vr)	sich entschuldigen	[zɪç ɛnt'ʃʊldɪgən]
As minhas desculpas	Verzeihung!	[fɛɐ'tsaɪʊŋ]
Desculpe!	Entschuldigung!	[ɛnt'ʃʊldɪgʊŋ]
perdoar (vt)	verzeihen (vt)	[fɛɐ'tsaɪən]
Não faz mal	Das macht nichts!	[das maχt nɪçts]
por favor	bitte	['bɪtə]

Não se esqueça!	Nicht vergessen!	[nɪçt fɛɐ'gɛsən]
Certamente! Claro!	Natürlich!	[na'ty:əlɪç]
Claro que não!	Natürlich nicht!	[na'ty:əlɪç 'nɪçt]
Está bem! De acordo!	Gut! Okay!	[gu:t], [o'ke:]
Basta!	Es ist genug!	[ɛs ist gə'nu:k]

3. Como se dirigir a alguém

senhor	Herr	[hɛʁ]
senhora	Frau	[fʁaʊ]
rapariga	Frau	[fʁaʊ]
rapaz	Junger Mann	['jʏŋɐ man]
menino	Junge	['jʊŋə]
menina	Mädchen	['mɛ:tçən]

4. Números cardinais. Parte 1

zero	null	[nʊl]
um	eins	[aɪns]
dois	zwei	[tsvaɪ]
três	drei	[dʁaɪ]
quatro	vier	[fi:ɐ]

cinco	fünf	[fʏnf]
seis	sechs	[zɛks]
sete	sieben	['zi:bən]
oito	acht	[aχt]
nove	neun	[nɔɪn]

dez	zehn	[tse:n]
onze	elf	[ɛlf]
doze	zwölf	[tsvœlf]
treze	dreizehn	['dʁaɪtse:n]
catorze	vierzehn	['fɪʁtse:n]

quinze	fünfzehn	['fʏnftse:n]
dezasseis	sechzehn	['zɛçtse:n]
dezassete	siebzehn	['zi:ptse:n]
dezoito	achtzehn	['aχtse:n]
dezanove	neunzehn	['nɔɪntse:n]
vinte	zwanzig	['tsvantsɪç]
vinte e um	einundzwanzig	['aɪn·ʊnt·'tsvantsɪç]

| vinte e dois | zweiundzwanzig | ['tsvaɪ·ʊnt·'tsvantsɪç] |
| vinte e três | dreiundzwanzig | ['dʀaɪ·ʊnt·'tsvantsɪç] |

trinta	dreißig	['dʀaɪsɪç]
trinta e um	einunddreißig	['aɪn·ʊnt·'dʀaɪsɪç]
trinta e dois	zweiunddreißig	['tsvaɪ·ʊnt·'dʀaɪsɪç]
trinta e três	dreiunddreißig	['dʀaɪ·ʊnt·'dʀaɪsɪç]

quarenta	vierzig	['fɪʁtsɪç]
quarenta e um	einundvierzig	['aɪn·ʊnt·'fɪʁtsɪç]
quarenta e dois	zweiundvierzig	['tsvaɪ·ʊnt·'fɪʁtsɪç]
quarenta e três	dreiundvierzig	['dʀaɪ·ʊnt·'fɪʁtsɪç]

cinquenta	fünfzig	['fʏnftsɪç]
cinquenta e um	einundfünfzig	['aɪn·ʊnt·'fʏnftsɪç]
cinquenta e dois	zweiundfünfzig	['tsvaɪ·ʊnt·'fʏnftsɪç]
cinquenta e três	dreiundfünfzig	['dʀaɪ·ʊnt·'fʏnftsɪç]

sessenta	sechzig	['zɛçtsɪç]
sessenta e um	einundsechzig	['aɪn·ʊnt·'zɛçtsɪç]
sessenta e dois	zweiundsechzig	['tsvaɪ·ʊnt·'zɛçtsɪç]
sessenta e três	dreiundsechzig	['dʀaɪ·ʊnt·'zɛçtsɪç]

setenta	siebzig	['ziːptsɪç]
setenta e um	einundsiebzig	['aɪn·ʊnt·'ziːptsɪç]
setenta e dois	zweiundsiebzig	['tsvaɪ·ʊnt·'ziːptsɪç]
setenta e três	dreiundsiebzig	['dʀaɪ·ʊnt·'ziːptsɪç]

oitenta	achtzig	['aχtsɪç]
oitenta e um	einundachtzig	['aɪn·ʊnt·'aχtsɪç]
oitenta e dois	zweiundachtzig	['tsvaɪ·ʊnt·'aχtsɪç]
oitenta e três	dreiundachtzig	['dʀaɪ·ʊnt·'aχtsɪç]

noventa	neunzig	['nɔɪntsɪç]
noventa e um	einundneunzig	['aɪn·ʊnt·'nɔɪntsɪç]
noventa e dois	zweiundneunzig	['tsvaɪ·ʊnt·'nɔɪntsɪç]
noventa e três	dreiundneunzig	['dʀaɪ·ʊnt·'nɔɪntsɪç]

5. Números cardinais. Parte 2

cem	einhundert	['aɪn͵hʊndɐt]
duzentos	zweihundert	['tsvaɪ͵hʊndɐt]
trezentos	dreihundert	['dʀaɪ͵hʊndɐt]
quatrocentos	vierhundert	['fiːɐ͵hʊndɐt]
quinhentos	fünfhundert	['fʏnf͵hʊndɐt]

seiscentos	sechshundert	[zɛks͵hʊndɐt]
setecentos	siebenhundert	['ziːbən͵hʊndɐt]
oitocentos	achthundert	['aχt͵hʊndɐt]
novecentos	neunhundert	['nɔɪn͵hʊndɐt]

mil	eintausend	['aɪn͵taʊzənt]
dois mil	zweitausend	['tsvaɪ͵taʊzənt]
três mil	dreitausend	['dʀaɪ͵taʊzənt]

dez mil	**zehntausend**	['tsen‚tauzənt]
cem mil	**hunderttausend**	['hundət‚tauzənt]
um milhão	**Million** (f)	[mɪ'ljoːn]
mil milhões	**Milliarde** (f)	[mɪ'ɪaʁdə]

6. Números ordinais

primeiro	**der erste**	[deːɐ 'ɛʁstə]
segundo	**der zweite**	[deːɐ 'tsvaɪtə]
terceiro	**der dritte**	[deːɐ 'dʁɪtə]
quarto	**der vierte**	[deːɐ 'fiːɐtə]
quinto	**der fünfte**	[deːɐ 'fʏnftə]

sexto	**der sechste**	[deːɐ 'zɛkstə]
sétimo	**der siebte**	[deːɐ 'ziːptə]
oitavo	**der achte**	[deːɐ 'aχtə]
nono	**der neunte**	[deːɐ 'nɔɪntə]
décimo	**der zehnte**	[deːɐ tseːntə]

7. Números. Frações

fração (f)	**Bruch** (m)	[bʁuχ]
um meio	**Hälfte** (f)	['hɛlftə]
um terço	**Drittel** (n)	['dʁɪtəl]
um quarto	**Viertel** (n)	['fɪʁtəl]

um oitavo	**Achtel** (m, n)	['aχtəl]
um décimo	**Zehntel** (m, n)	['tseːntəl]
dois terços	**zwei Drittel**	[tsvaɪ 'dʁɪtəl]
três quartos	**drei Viertel**	[dʁaɪ 'fɪʁtəl]

8. Números. Operações básicas

subtração (f)	**Subtraktion** (f)	[zuptʁak'tsjoːn]
subtrair (vi, vt)	**subtrahieren** (vt)	[zuptʁa'hiːʁən]
divisão (f)	**Division** (f)	[divi'zjoːn]
dividir (vt)	**dividieren** (vt)	[divi'diːʁən]

adição (f)	**Addition** (f)	[adi'tsjoːn]
somar (vt)	**addieren** (vt)	[a'diːʁən]
adicionar (vt)	**hinzufügen** (vt)	[hɪn'tsuːˌfyːgən]
multiplicação (f)	**Multiplikation** (f)	[multiplika'tsjoːn]
multiplicar (vt)	**multiplizieren** (vt)	[multipli'tsiːʁən]

9. Números. Diversos

| algarismo, dígito (m) | **Ziffer** (f) | ['tsɪfə] |
| número (m) | **Zahl** (f) | [tsaːl] |

numeral (m)	**Zahlwort** (n)	['tsa:l‚vɔʁt]
menos (m)	**Minus** (n)	['mi:nʊs]
mais (m)	**Plus** (n)	[plʊs]
fórmula (f)	**Formel** (f)	['fɔʁməl]

cálculo (m)	**Berechnung** (f)	[bə'ʁɛçnʊŋ]
contar (vt)	**zählen** (vt)	['tsɛ:lən]
calcular (vt)	**berechnen** (vt)	[bə'ʁɛçnən]
comparar (vt)	**vergleichen** (vt)	[fɛɐ'glaɪçən]

Quanto?	**Wie viel?**	['vi: fi:l]
Quantos? -as?	**Wie viele?**	[vi: 'fi:lə]

soma (f)	**Summe** (f)	['zʊmə]
resultado (m)	**Ergebnis** (n)	[ɛɐ'ge:pnɪs]
resto (m)	**Rest** (m)	[ʁɛst]

alguns, algumas …	**einige**	['aɪnɪgə]
um pouco de …	**wenig …**	['ve:nɪç]
resto (m)	**Übrige** (n)	['y:bʁɪgə]
um e meio	**anderthalb**	['andɐt'halp]
dúzia (f)	**Dutzend** (n)	['dʊtsənt]

ao meio	**entzwei**	[ɛn'tsvaɪ]
em partes iguais	**zu gleichen Teilen**	[tsu 'glaɪçən 'taɪlən]
metade (f)	**Hälfte** (f)	['hɛlftə]
vez (f)	**Mal** (n)	[ma:l]

10. Os verbos mais importantes. Parte 1

abrir (vt)	**öffnen** (vt)	['œfnən]
acabar, terminar (vt)	**beenden** (vt)	[bə'ʔɛndən]
aconselhar (vt)	**raten** (vt)	['ʁa:tən]
adivinhar (vt)	**richtig raten** (vt)	['ʁɪçtɪç 'ʁa:tən]
advertir (vt)	**warnen** (vt)	['vaʁnən]

ajudar (vt)	**helfen** (vi)	['hɛlfən]
almoçar (vi)	**zu Mittag essen**	[tsu 'mɪta:k 'ɛsən]
alugar (~ um apartamento)	**mieten** (vt)	['mi:tən]
amar (vt)	**lieben** (vt)	['li:bən]
ameaçar (vt)	**drohen** (vi)	['dʁo:ən]

anotar (escrever)	**aufschreiben** (vt)	['aʊfʃʁaɪbən]
apanhar (vt)	**fangen** (vt)	['faŋən]
apressar-se (vr)	**sich beeilen**	[zɪç bə'ʔaɪlən]
arrepender-se (vr)	**bedauern** (vt)	[bə'daʊən]
assinar (vt)	**unterschreiben** (vt)	[‚ʊntɐ'ʃʁaɪbən]

atirar, disparar (vi)	**schießen** (vi)	['ʃi:sən]
brincar (vi)	**Witz machen**	[vɪts 'maxən]
brincar, jogar (crianças)	**spielen** (vi, vt)	['ʃpi:lən]
buscar (vt)	**suchen** (vt)	['zu:xən]
caçar (vi)	**jagen** (vi)	['jagən]
cair (vi)	**fallen** (vi)	['falən]

cavar (vt)	graben (vt)	['gʀaːbən]
cessar (vt)	einstellen (vt)	['aɪnˌʃtɛlən]
chamar (~ por socorro)	rufen (vi)	['ʀuːfən]
chegar (vi)	ankommen (vi)	['anˌkɔmən]
chorar (vi)	weinen (vi)	['vaɪnən]

começar (vt)	beginnen (vt)	[bə'gɪnən]
comparar (vt)	vergleichen (vt)	[fɛɐ'glaɪçən]
compreender (vt)	verstehen (vt)	[fɛɐ'ʃteːən]
concordar (vi)	zustimmen (vi)	['tsuːˌʃtɪmən]
confiar (vt)	vertrauen (vi)	[fɛɐ'tʀaʊən]

confundir (equivocar-se)	verwechseln (vt)	[fɛɐ'vɛksəln]
conhecer (vt)	kennen (vt)	['kɛnən]
contar (fazer contas)	rechnen (vt)	['ʀɛçnən]
contar com (esperar)	auf ... zählen	[aʊf ... 'tsɛːlən]
continuar (vt)	fortsetzen (vt)	['fɔʁtˌzɛtsən]

controlar (vt)	kontrollieren (vt)	[kɔntʀoˈliːʀən]
convidar (vt)	einladen (vt)	['aɪnˌlaːdən]
correr (vi)	laufen (vi)	['laʊfən]
criar (vt)	schaffen (vt)	['ʃafən]
custar (vt)	kosten (vt)	['kɔstən]

11. Os verbos mais importantes. Parte 2

dar (vt)	geben (vt)	['geːbən]
dar uma dica	andeuten (vt)	['anˌdɔɪtən]
decorar (enfeitar)	schmücken (vt)	['ʃmʏkən]
defender (vt)	verteidigen (vt)	[fɛɐ'taɪdɪgən]
deixar cair (vt)	fallen lassen	['falən 'lasən]

descer (para baixo)	herabsteigen (vi)	[hɛ'ʀapˌʃtaɪgən]
desculpar-se (vr)	sich entschuldigen	[zɪç ɛnt'ʃʊldɪgən]
dirigir (~ uma empresa)	leiten (vt)	['laɪtən]
discutir (notícias, etc.)	besprechen (vt)	[bə'ʃpʀɛçən]
dizer (vt)	sagen (vt)	['zaːgən]

duvidar (vt)	zweifeln (vi)	['tsvaɪfəln]
encontrar (achar)	finden (vt)	['fɪndən]
enganar (vt)	täuschen (vt)	['tɔɪʃən]
entrar (na sala, etc.)	hereinkommen (vi)	[hɛ'ʀaɪnˌkɔmən]
enviar (uma carta)	abschicken (vt)	['apˌʃɪkən]

errar (equivocar-se)	sich irren	[zɪç 'ɪʀən]
escolher (vt)	wählen (vt)	['vɛːlən]
esconder (vt)	verstecken (vt)	[fɛɐ'ʃtɛkən]
escrever (vt)	schreiben (vi, vt)	['ʃʀaɪbən]
esperar (o autocarro, etc.)	warten (vi)	['vaʁtən]

esperar (ter esperança)	hoffen (vi)	['hɔfən]
esquecer (vt)	vergessen (vt)	[fɛɐ'gɛsən]
estudar (vt)	lernen (vt)	['lɛʁnən]
exigir (vt)	verlangen (vt)	[fɛɐ'laŋən]

existir (vi)	existieren (vi)	[ˌɛksɪs'tiːʀən]
explicar (vt)	erklären (vt)	[ɛɐ'klɛːʀən]
falar (vi)	sprechen (vi)	['ʃpʀɛçən]
faltar (clases, etc.)	versäumen (vt)	[fɛɐ'zɔɪmən]
fazer (vt)	machen (vt)	['maχən]
ficar em silêncio	schweigen (vi)	['ʃvaɪgən]
gabar-se, jactar-se (vr)	prahlen (vi)	['pʀaːlən]

gostar (apreciar)	gefallen (vi)	[gə'falən]
gritar (vi)	schreien (vi)	['ʃʀaɪən]
guardar (cartas, etc.)	aufbewahren (vt)	['aʊfbəˌvaːʀən]
informar (vt)	informieren (vt)	[ɪnfɔʀ'miːʀən]
insistir (vi)	bestehen auf	[bə'ʃteːən aʊf]

insultar (vt)	kränken (vt)	['kʀɛŋkən]
interessar-se (vr)	sich interessieren	[zɪç ɪntəʀɛ'siːʀən]
ir (a pé)	gehen (vi)	['geːən]
ir nadar	schwimmen gehen	['ʃvɪmən 'geːən]
jantar (vi)	zu Abend essen	[tsu 'aːbənt 'ɛsən]

12. Os verbos mais importantes. Parte 3

ler (vt)	lesen (vi, vt)	['leːzən]
libertar (cidade, etc.)	befreien (vt)	[bə'fʀaɪən]
matar (vt)	ermorden (vt)	[ɛɐ'mɔʀdən]
mencionar (vt)	erwähnen (vt)	[ɛɐ'vɛːnən]
mostrar (vt)	zeigen (vt)	['tsaɪgən]

mudar (modificar)	ändern (vt)	['ɛndən]
nadar (vi)	schwimmen (vi)	['ʃvɪmən]
negar-se (vt)	sich weigern	[zɪç 'vaɪgɐn]
objetar (vt)	einwenden (vt)	['aɪnˌvɛndən]

observar (vt)	beobachten (vt)	[bə'ʔoːbaχtən]
ordenar (mil.)	befehlen (vt)	[ˌbə'feːlən]
ouvir (vt)	hören (vt)	['høːʀən]
pagar (vt)	zahlen (vt)	['tsaːlən]
parar (vi)	stoppen (vt)	['ʃtɔpən]

participar (vi)	teilnehmen (vi)	['taɪlˌneːmən]
pedir (comida)	bestellen (vt)	[bə'ʃtɛlən]
pedir (um favor, etc.)	bitten (vt)	['bɪtən]
pegar (tomar)	nehmen (vt)	['neːmən]
pensar (vt)	denken (vi, vt)	['dɛŋkən]

perceber (ver)	bemerken (vt)	[bə'mɛʀkən]
perdoar (vt)	verzeihen (vt)	[fɛɐ'tsaɪən]
perguntar (vt)	fragen (vt)	['fʀaːgən]
permitir (vt)	erlauben (vt)	[ɛɐ'laʊbən]
pertencer (vt)	gehören (vi)	[gə'høːʀən]

planear (vt)	planen (vt)	['plaːnən]
poder (vi)	können (v mod)	['kœnən]
possuir (vt)	besitzen (vt)	[bə'zɪtsən]

| preferir (vt) | vorziehen (vt) | ['foɐˌtsiːən] |
| preparar (vt) | zubereiten (vt) | ['tsuːbəˌʀaɪtən] |

prever (vt)	voraussehen (vt)	[foˈʀaʊsˌzeːən]
prometer (vt)	versprechen (vt)	[fɛɐˈʃpʀɛçən]
pronunciar (vt)	aussprechen (vt)	['aʊsˌʃpʀɛçən]
propor (vt)	vorschlagen (vt)	['foːɐˌʃlaːgən]
punir (castigar)	bestrafen (vt)	[bəˈʃtʀaːfən]

13. Os verbos mais importantes. Parte 4

quebrar (vt)	brechen (vt)	['bʀɛçən]
queixar-se (vr)	klagen (vi)	['klaːgən]
querer (desejar)	wollen (vt)	['vɔlən]
recomendar (vt)	empfehlen (vt)	[ɛmˈpfeːlən]
repetir (dizer outra vez)	noch einmal sagen	[nɔχ 'aɪnmaːl 'zaːgən]

repreender (vt)	schelten (vt)	['ʃɛltən]
reservar (~ um quarto)	reservieren (vt)	[ʀezɛɐˈviːʀən]
responder (vt)	antworten (vi)	['antˌvɔɐtən]
rezar, orar (vi)	beten (vi)	['beːtən]
rir (vi)	lachen (vi)	['laχən]

roubar (vt)	stehlen (vt)	['ʃteːlən]
saber (vt)	wissen (vt)	['vɪsən]
sair (~ de casa)	ausgehen (vi)	['aʊsˌgeːən]
salvar (vt)	retten (vt)	['ʀɛtən]
seguir ...	folgen (vi)	['fɔlgən]

sentar-se (vr)	sich setzen	[zɪç 'zɛtsən]
ser necessário	nötig sein	['nøːtɪç zaɪn]
ser, estar	sein (vi)	[zaɪn]
significar (vt)	bedeuten (vt)	[bəˈdɔɪtən]

sorrir (vi)	lächeln (vi)	['lɛçəln]
subestimar (vt)	unterschätzen (vt)	[ˌʊntəˈʃɛtsən]
surpreender-se (vr)	staunen (vi)	['ʃtaunən]
tentar (vt)	versuchen (vt)	[fɛɐˈzuːχən]

ter (vt)	haben (vt)	[haːbən]
ter fome	hungrig sein	['hʊŋʀɪç zaɪn]
ter medo	Angst haben	['aŋst 'haːbən]
ter sede	Durst haben	['dʊɐst 'haːbən]

tocar (com as mãos)	berühren (vt)	[bəˈʀyːʀən]
tomar o pequeno-almoço	frühstücken (vi)	['fʀyːˌʃtʏkən]
trabalhar (vi)	arbeiten (vi)	['aɐbaɪtən]
traduzir (vt)	übersetzen (vt)	[ˌyːbɐˈzɛtsən]
unir (vt)	vereinigen (vt)	[fɛɐˈʔaɪnɪgən]

vender (vt)	verkaufen (vt)	[fɛɐˈkaʊfən]
ver (vt)	sehen (vi, vt)	['zeːən]
virar (ex. ~ à direita)	abbiegen (vi)	['apˌbiːgən]
voar (vi)	fliegen (vi)	['fliːgən]

14. Cores

cor (f)	Farbe (f)	['faʁbə]
matiz (m)	Schattierung (f)	[ʃa'ti:ʀʊŋ]
tom (m)	Farbton (m)	['faʁp,to:n]
arco-íris (m)	Regenbogen (m)	['ʀe:gən,bo:gən]
branco	weiß	[vaɪs]
preto	schwarz	[ʃvaʁts]
cinzento	grau	[gʀaʊ]
verde	grün	[gʀy:n]
amarelo	gelb	[gɛlp]
vermelho	rot	[ʀo:t]
azul	blau	[blaʊ]
azul claro	hellblau	['hɛl,blaʊ]
rosa	rosa	['ʀo:za]
laranja	orange	[o'ʀaŋʃ]
violeta	violett	[vɪo'lɛt]
castanho	braun	[bʀaʊn]
dourado	golden	['gɔldən]
prateado	silbrig	['zɪlbʀɪç]
bege	beige	[be:ʃ]
creme	cremefarben	['kʀɛ:m,faʁbən]
turquesa	türkis	[tʏʁ'ki:s]
vermelho cereja	kirschrot	['kɪʁʃʀo:t]
lilás	lila	['li:la]
carmesim	himbeerrot	['hɪmbe:ɐ,ʀo:t]
claro	hell	[hɛl]
escuro	dunkel	['dʊŋkəl]
vivo	grell	[gʀɛl]
de cor	Farb-	['faʁp]
a cores	Farb-	['faʁp]
preto e branco	schwarz-weiß	['ʃvaʁts,vaɪs]
unicolor	einfarbig	['aɪn,faʁbɪç]
multicor	bunt	[bʊnt]

15. Questões

Quem?	Wer?	[ve:ɐ]
Que?	Was?	[vas]
Onde?	Wo?	[vo:]
Para onde?	Wohin?	[vo'hɪn]
De onde?	Woher?	[vo'he:ɐ]
Quando?	Wann?	[van]
Para quê?	Wozu?	[vo'tsu:]
Porquê?	Warum?	[va'ʀʊm]
Para quê?	Wofür?	[vo'fy:ɐ]

Como?	Wie?	[vi:]
Qual?	Welcher?	['vɛlçɐ]
Qual? (entre dois ou mais)	Welcher?	['vɛlçɐ]

A quem?	Wem?	[ve:m]
Sobre quem?	Über wen?	['y:bɐ ve:n]
Do quê?	Wovon?	[vo:'fɔn]
Com quem?	Mit wem?	[mɪt ve:m]

Quantos? -as?	Wie viele?	[vi: 'fi:lə]
Quanto?	Wie viel?	['vi: fi:l]
De quem? (masc.)	Wessen?	['vɛsən]

16. Preposições

com (prep.)	mit	[mɪt]
sem (prep.)	ohne	['o:nə]
a, para (exprime lugar)	nach	[na:χ]
sobre (ex. falar ~)	über	['y:bɐ]
antes de ...	vor	[fo:ɐ]
diante de ...	vor	[fo:ɐ]

sob (debaixo de)	unter	['ʊntɐ]
sobre (em cima de)	über	['y:bɐ]
sobre (~ a mesa)	auf	[aʊf]
de (vir ~ Lisboa)	aus	['aʊs]
de (feito ~ pedra)	aus, von	['aʊs], [fɔn]

dentro de (~ dez minutos)	in	[ɪn]
por cima de ...	über	['y:bɐ]

17. Palavras funcionais. Advérbios. Parte 1

Onde?	Wo?	[vo:]
aqui	hier	[hi:ɐ]
lá, ali	dort	[dɔʁt]

em algum lugar	irgendwo	['ɪʁgənt'vo:]
em lugar nenhum	nirgends	['nɪʁgənts]

ao pé de ...	an	[an]
ao pé da janela	am Fenster	[am 'fɛnstɐ]

Para onde?	Wohin?	[vo'hɪn]
para cá	hierher	['hi:ɐ'he:ɐ]
para lá	dahin	[da'hɪn]
daqui	von hier	[fɔn hi:ɐ]
de lá, dali	von da	[fɔn da:]

perto	nah	[na:]
longe	weit	[vaɪt]
perto de ...	in der Nähe von ...	[ɪn de:ɐ 'nɛ:ə fɔn]

ao lado de	in der Nähe	[ɪn deːɐ 'nɛːə]
perto, não fica longe	unweit	['ʊnvaɪt]
esquerdo	link	[lɪŋk]
à esquerda	links	[lɪŋks]
para esquerda	nach links	[naːχ lɪŋks]
direito	recht	[ʀɛçt]
à direita	rechts	[ʀɛçts]
para direita	nach rechts	[naːχ ʀɛçts]
à frente	vorne	['fɔʀnə]
da frente	Vorder-	['fɔʀdɐ]
em frente (para a frente)	vorwärts	['foːɐvɛʀts]
atrás de ...	hinten	['hɪntən]
por detrás (vir ~)	von hinten	[fɔn 'hɪntən]
para trás	rückwärts	['ʀʏk͜vɛʀts]
meio (m), metade (f)	Mitte (f)	['mɪtə]
no meio	in der Mitte	[ɪn deːɐ 'mɪtə]
de lado	seitlich	['zaɪtlɪç]
em todo lugar	überall	[yːbɐ'ʔal]
ao redor (olhar ~)	ringsherum	[ˌʀɪŋshɛ'ʀʊm]
de dentro	von innen	[fɔn 'ɪnən]
para algum lugar	irgendwohin	['ɪʀɡənt·vo'hɪn]
diretamente	geradeaus	[ɡəʀaːdə'ʔaʊs]
de volta	zurück	[tsu'ʀʏk]
de algum lugar	irgendwoher	['ɪʀɡənt·vo'heːɐ]
de um lugar	von irgendwo	[fɔn ˌɪʀɡənt'voː]
em primeiro lugar	erstens	['eːɐstəns]
em segundo lugar	zweitens	['tsvaɪtəns]
em terceiro lugar	drittens	['dʀɪtəns]
de repente	plötzlich	['plœtslɪç]
no início	zuerst	[tsu'ʔeːɐst]
pela primeira vez	zum ersten Mal	[tsʊm 'eːɐstən 'maːl]
muito antes de ...	lange vor ...	['laŋə foːɐ]
de novo, novamente	von Anfang an	[fɔn 'anˌfaŋ an]
para sempre	für immer	[fyːɐ 'ɪmɐ]
nunca	nie	[niː]
de novo	wieder	['viːdɐ]
agora	jetzt	[jɛtst]
frequentemente	oft	[ɔft]
então	damals	['daːmaːls]
urgentemente	dringend	['dʀɪŋənt]
usualmente	gewöhnlich	[ɡə'vøːnlɪç]
a propósito, ...	übrigens, ...	['yːbʀɪɡəns]
é possível	möglicherweise	['møːklɪçɐ'vaɪzə]
provavelmente	wahrscheinlich	[va:ɐ'ʃaɪnlɪç]

talvez	vielleicht	[fi'laɪçt]
além disso, ...	außerdem ...	['aʊsɐde:m]
por isso ...	deshalb ...	['dɛs'halp]
apesar de ...	trotz ...	[tʀɔts]
graças a ...	dank ...	[daŋk]

que (pron.)	was	[vas]
que (conj.)	das	[das]
algo	etwas	['ɛtvas]
alguma coisa	irgendwas	['ɪʀgənt'vas]
nada	nichts	[nɪçts]

quem	wer	[ve:ɐ]
alguém (~ teve uma ideia ...)	jemand	['je:mant]
alguém	irgendwer	['ɪʀgənt've:ɐ]

ninguém	niemand	['ni:mant]
para lugar nenhum	nirgends	['nɪʀgənts]
de ninguém	niemandes	['ni:mandəs]
de alguém	jemandes	['je:mandəs]

tão	so	[zo:]
também (gostaria ~ de ...)	auch	['aʊχ]
também (~ eu)	ebenfalls	['e:bən͵fals]

18. Palavras funcionais. Advérbios. Parte 2

Porquê?	Warum?	[va'ʀʊm]
por alguma razão	aus irgendeinem Grund	['aʊs 'ɪʀgənt'ʔaɪnəm gʀʊnt]

porque ...	weil ...	[vaɪl]
por qualquer razão	zu irgendeinem Zweck	[tsu 'ɪʀgənt'ʔaɪnəm tsvɛk]

e (tu ~ eu)	und	[ʊnt]
ou (ser ~ não ser)	oder	['o:dɐ]
mas (porém)	aber	['a:bɐ]
para (~ a minha mãe)	für	[fy:ɐ]

demasiado, muito	zu	[tsu:]
só, somente	nur	[nu:ɐ]
exatamente	genau	[gə'naʊ]
cerca de (~ 10 kg)	etwa	['ɛtva]

aproximadamente	ungefähr	['ʊngəfɛ:ɐ]
aproximado	ungefähr	['ʊngəfɛ:ɐ]
quase	fast	[fast]
resto (m)	Übrige (n)	['y:bʀɪgə]

o outro (segundo)	der andere	[de:ɐ 'andəʀə]
outro	andere	['andəʀə]
cada	jeder (m)	['je:dɐ]
qualquer	beliebig	[bɛ'li:bɪç]
muito	viel	[fi:l]
muitas pessoas	viele Menschen	['fi:lə 'mɛnʃən]

todos	alle	['alə]
em troca de ...	im Austausch gegen ...	[ɪm 'aʊsˌtaʊʃ 'ge:gən]
em troca	dafür	[da'fy:ɐ]
à mão	mit der Hand	[mɪt de:ɐ hant]
pouco provável	schwerlich	['ʃve:ɐlɪç]

provavelmente	wahrscheinlich	[va:ɐ'ʃaɪnlɪç]
de propósito	absichtlich	['apˌzɪçtlɪç]
por acidente	zufällig	['tsu:fɛlɪç]

muito	sehr	[ze:ɐ]
por exemplo	zum Beispiel	[tsʊm 'baɪʃpi:l]
entre	zwischen	['tsvɪʃən]
entre (no meio de)	unter	['ʊntɐ]
tanto	so viel	[zo: 'fi:l]
especialmente	besonders	[bə'zɔndɐs]

Conceitos básicos. Parte 2

19. Dias da semana

segunda-feira (f)	**Montag** (m)	['mo:nta:k]
terça-feira (f)	**Dienstag** (m)	['di:nsta:k]
quarta-feira (f)	**Mittwoch** (m)	['mɪtvɔχ]
quinta-feira (f)	**Donnerstag** (m)	['dɔnɛsta:k]
sexta-feira (f)	**Freitag** (m)	['fʀaɪta:k]
sábado (m)	**Samstag** (m)	['zamsta:k]
domingo (m)	**Sonntag** (m)	['zɔnta:k]
hoje	**heute**	['hɔɪtə]
amanhã	**morgen**	['mɔʁgən]
depois de amanhã	**übermorgen**	['y:bɐˌmɔʁgən]
ontem	**gestern**	['gɛstɐn]
anteontem	**vorgestern**	['fo:ɐgɛstɐn]
dia (m)	**Tag** (m)	[ta:k]
dia (m) de trabalho	**Arbeitstag** (m)	['aʁbaɪtsˌta:k]
feriado (m)	**Feiertag** (m)	['faɪɐˌta:k]
dia (m) de folga	**freier Tag** (m)	['fʀaɪɐ ta:k]
fim (m) de semana	**Wochenende** (n)	['vɔχənˌʔɛndə]
o dia todo	**den ganzen Tag**	[den 'gantsən 'ta:k]
no dia seguinte	**am nächsten Tag**	[am 'nɛ:çstən ta:k]
há dois dias	**zwei Tage vorher**	[tsvaɪ 'ta:gə 'fo:ɐheːɐ]
na véspera	**am Vortag**	[am 'fo:ɐˌta:k]
diário	**täglich**	['tɛ:klɪç]
todos os dias	**täglich**	['tɛ:klɪç]
semana (f)	**Woche** (f)	['vɔχə]
na semana passada	**letzte Woche**	['lɛtstə 'vɔχə]
na próxima semana	**nächste Woche**	['nɛ:çstə 'vɔχə]
semanal	**wöchentlich**	['vœçəntlɪç]
cada semana	**wöchentlich**	['vœçəntlɪç]
duas vezes por semana	**zweimal pro Woche**	['tsvaɪma:l pʀɔ 'vɔχə]
cada terça-feira	**jeden Dienstag**	['je:dən 'di:nsta:k]

20. Horas. Dia e noite

manhã (f)	**Morgen** (m)	['mɔʁgən]
de manhã	**morgens**	['mɔʁgəns]
meio-dia (m)	**Mittag** (m)	['mɪta:k]
à tarde	**nachmittags**	['na:χmɪˌta:ks]
noite (f)	**Abend** (m)	['a:bənt]
à noite (noitinha)	**abends**	['a:bənts]

noite (f)	**Nacht** (f)	[naxt]
à noite	**nachts**	[naxts]
meia-noite (f)	**Mitternacht** (f)	['mɪtɐˌnaxt]
segundo (m)	**Sekunde** (f)	[ze'kʊndə]
minuto (m)	**Minute** (f)	[mi'nuːtə]
hora (f)	**Stunde** (f)	['ʃtʊndə]
meia hora (f)	**eine halbe Stunde**	['aɪnə 'halbə 'ʃtʊndə]
quarto (m) de hora	**Viertelstunde** (f)	['fɪʁtəlˌʃtʊndə]
quinze minutos	**fünfzehn Minuten**	['fʏnftseːn mi'nuːtən]
vinte e quatro horas	**Tag und Nacht**	['taːk ʊnt 'naxt]
nascer (m) do sol	**Sonnenaufgang** (m)	['zɔnənˌʔaʊfgaŋ]
amanhecer (m)	**Morgendämmerung** (f)	['mɔʁgənˌdɛməʁʊŋ]
madrugada (f)	**früher Morgen** (m)	['fʁyːɐ 'mɔʁgən]
pôr do sol (m)	**Sonnenuntergang** (m)	['zɔnənˌʔʊntɐgaŋ]
de madrugada	**früh am Morgen**	[fʁyː am 'mɔʁgən]
hoje de manhã	**heute morgen**	['hɔɪtə 'mɔʁgən]
amanhã de manhã	**morgen früh**	['mɔʁgən fʁyː]
hoje à tarde	**heute Mittag**	['hɔɪtə 'mɪtaːk]
à tarde	**nachmittags**	['naːxmɪˌtaːks]
amanhã à tarde	**morgen Nachmittag**	['mɔʁgən 'naːxmɪˌtaːk]
hoje à noite	**heute Abend**	['hɔɪtə 'aːbənt]
amanhã à noite	**morgen Abend**	['mɔʁgən 'aːbənt]
às três horas em ponto	**Punkt drei Uhr**	[pʊŋkt dʁaɪ uːɐ]
por volta das quatro	**gegen vier Uhr**	['geːgn fiːɐ uːɐ]
às doze	**um zwölf Uhr**	[ʊm tsvœlf uːɐ]
dentro de vinte minutos	**in zwanzig Minuten**	[ɪn 'tsvantsɪç mi'nuːtən]
dentro duma hora	**in einer Stunde**	[ɪn 'aɪnə 'ʃtʊndə]
a tempo	**rechtzeitig**	['ʁɛçtˌtsaɪtɪç]
menos um quarto	**Viertel vor ...**	['fɪʁtəl foːɐ]
durante uma hora	**innerhalb einer Stunde**	['ɪnɐhalp 'aɪnə 'ʃtʊndə]
a cada quinze minutos	**alle fünfzehn Minuten**	['alə 'fʏnftseːn mi'nuːtən]
as vinte e quatro horas	**Tag und Nacht**	['taːk ʊnt 'naxt]

21. Meses. Estações

janeiro (m)	**Januar** (m)	['januaːɐ]
fevereiro (m)	**Februar** (m)	['feːbʁuaːɐ]
março (m)	**März** (m)	[mɛʁts]
abril (m)	**April** (m)	[a'pʁɪl]
maio (m)	**Mai** (m)	[maɪ]
junho (m)	**Juni** (m)	['juːni]
julho (m)	**Juli** (m)	['juːli]
agosto (m)	**August** (m)	[aʊ'gʊst]
setembro (m)	**September** (m)	[zɛp'tɛmbɐ]
outubro (m)	**Oktober** (m)	[ɔk'toːbɐ]

novembro (m)	**November** (m)	[noˈvɛmbɐ]
dezembro (m)	**Dezember** (m)	[deˈtsɛmbɐ]
primavera (f)	**Frühling** (m)	[ˈfʀyːlɪŋ]
na primavera	**im Frühling**	[ɪm ˈfʀyːlɪŋ]
primaveril	**Frühlings-**	[ˈfʀyːlɪŋs]
verão (m)	**Sommer** (m)	[ˈzɔmɐ]
no verão	**im Sommer**	[ɪm ˈzɔmɐ]
de verão	**Sommer-**	[ˈzɔmɐ]
outono (m)	**Herbst** (m)	[hɛʁpst]
no outono	**im Herbst**	[ɪm hɛʁpst]
outonal	**Herbst-**	[hɛʁpst]
inverno (m)	**Winter** (m)	[ˈvɪntɐ]
no inverno	**im Winter**	[ɪm ˈvɪntɐ]
de inverno	**Winter-**	[ˈvɪntɐ]
mês (m)	**Monat** (m)	[ˈmoːnat]
este mês	**in diesem Monat**	[ɪn ˈdiːzəm ˈmoːnat]
no próximo mês	**nächsten Monat**	[ˈnɛːçstən ˈmoːnat]
no mês passado	**letzten Monat**	[ˈlɛtstən ˈmoːnat]
há um mês	**vor einem Monat**	[foːɐ ˈaɪnəm ˈmoːnat]
dentro de um mês	**über eine Monat**	[ˈyːbɐ ˈaɪnə ˈmoːnat]
dentro de dois meses	**in zwei Monaten**	[ɪn tsvaɪ ˈmoːnatən]
todo o mês	**einen ganzen Monat**	[ˈaɪnən ˈgantsən ˈmoːnat]
um mês inteiro	**den ganzen Monat**	[deːn ˈgantsən ˈmoːnat]
mensal	**monatlich**	[ˈmoːnatlɪç]
mensalmente	**monatlich**	[ˈmoːnatlɪç]
cada mês	**jeden Monat**	[ˈjeːdən ˈmoːnat]
duas vezes por mês	**zweimal pro Monat**	[ˈtsvaɪmaːl pʀo ˈmoːnat]
ano (m)	**Jahr** (n)	[jaːɐ]
este ano	**dieses Jahr**	[ˈdiːzəs jaːɐ]
no próximo ano	**nächstes Jahr**	[ˈnɛːçstəs jaːɐ]
no ano passado	**voriges Jahr**	[ˈfoːʀɪɡəs jaːɐ]
há um ano	**vor einem Jahr**	[foːɐ ˈaɪnəm jaːɐ]
dentro dum ano	**in einem Jahr**	[ɪn ˈaɪnəm jaːɐ]
dentro de 2 anos	**in zwei Jahren**	[ɪn tsvaɪ ˈjaːʀən]
todo o ano	**ein ganzes Jahr**	[aɪn ˈgantsəs jaːɐ]
um ano inteiro	**das ganze Jahr**	[das ˈgantsə jaːɐ]
cada ano	**jedes Jahr**	[ˈjeːdəs jaːɐ]
anual	**jährlich**	[ˈjɛːɐlɪç]
anualmente	**jährlich**	[ˈjɛːɐlɪç]
quatro vezes por ano	**viermal pro Jahr**	[ˈfiːɐmaːl pʀo jaːɐ]
data (~ de hoje)	**Datum** (n)	[ˈdaːtʊm]
data (ex. ~ de nascimento)	**Datum** (n)	[ˈdaːtʊm]
calendário (m)	**Kalender** (m)	[kaˈlɛndɐ]
meio ano	**ein halbes Jahr**	[aɪn ˈhalbəs jaːɐ]
seis meses	**Halbjahr** (n)	[ˈhalpjaːɐ]

estação (f)	Saison (f)	[zɛ'zɔŋ]
século (m)	Jahrhundert (n)	[ja:ɐ'hʊndɛt]

22. Unidades de medida

peso (m)	Gewicht (n)	[gə'vɪçt]
comprimento (m)	Länge (f)	['lɛŋə]
largura (f)	Breite (f)	['bʀaɪtə]
altura (f)	Höhe (f)	['hø:ə]
profundidade (f)	Tiefe (f)	['ti:fə]
volume (m)	Volumen (n)	[vo'lu:mən]
área (f)	Fläche (f)	['flɛçə]

grama (m)	Gramm (n)	[gʀam]
miligrama (m)	Milligramm (n)	['mɪli͵gʀam]
quilograma (m)	Kilo (n)	['ki:lo]
tonelada (f)	Tonne (f)	['tɔnə]
libra (453,6 gramas)	Pfund (n)	[pfʊnt]
onça (f)	Unze (f)	['ʊntsə]

metro (m)	Meter (m, n)	['me:tɐ]
milímetro (m)	Millimeter (m)	['mɪli͵me:tɐ]
centímetro (m)	Zentimeter (m, n)	[͵tsɛnti'me:tɐ]
quilómetro (m)	Kilometer (m)	[͵kilo'me:tɐ]
milha (f)	Meile (f)	['maɪlə]

polegada (f)	Zoll (m)	[tsɔl]
pé (304,74 mm)	Fuß (m)	[fu:s]
jarda (914,383 mm)	Yard (n)	[ja:ɐt]

metro (m) quadrado	Quadratmeter (m)	[kva'dʀa:t͵me:tɐ]
hectare (m)	Hektar (n)	['hɛkta:ɐ]

litro (m)	Liter (m, n)	['li:tɐ]
grau (m)	Grad (m)	[gʀa:t]
volt (m)	Volt (n)	[vɔlt]
ampere (m)	Ampere (n)	[am'pe:ɐ]
cavalo-vapor (m)	Pferdestärke (f)	['pfe:ɐdə͵ʃtɛʀkə]

quantidade (f)	Anzahl (f)	['antsa:l]
um pouco de ...	etwas ...	['ɛtvas]
metade (f)	Hälfte (f)	['hɛlftə]

dúzia (f)	Dutzend (n)	['dʊtsənt]
peça (f)	Stück (n)	[ʃtʏk]

dimensão (f)	Größe (f)	['gʀø:sə]
escala (f)	Maßstab (m)	['ma:s͵ʃta:p]

mínimo	minimal	[mini'ma:l]
menor, mais pequeno	der kleinste	[de:ɐ 'klaɪnstə]
médio	mittler, mittel-	['mɪtlə], ['mɪtəl]
máximo	maximal	[maksi'ma:l]
maior, mais grande	der größte	[de:ɐ 'gʀø:stə]

23. Recipientes

boião (m) de vidro	Glas (n)	[glaːs]
lata (~ de cerveja)	Dose (f)	['doːzə]
balde (m)	Eimer (m)	['aɪmɐ]
barril (m)	Fass (n), Tonne (f)	[fas], ['tɔnə]
bacia (~ de plástico)	Waschschüssel (n)	['vaʃʃʏsəl]
tanque (m)	Tank (m)	[taŋk]
cantil (m) de bolso	Flachmann (m)	['flaχman]
bidão (m) de gasolina	Kanister (m)	[ka'nɪstɐ]
cisterna (f)	Zisterne (f)	[tsɪs'tɛʁnə]
caneca (f)	Kaffeebecher (m)	['kafe͜bɛçɐ]
chávena (f)	Tasse (f)	['tasə]
pires (m)	Untertasse (f)	['ʊnte͜tasə]
copo (m)	Wasserglas (n)	['vase͜glaːs]
taça (f) de vinho	Weinglas (n)	['vaɪn͜glaːs]
panela, caçarola (f)	Kochtopf (m)	['kɔχ͜tɔpf]
garrafa (f)	Flasche (f)	['flaʃə]
gargalo (m)	Flaschenhals (m)	['flaʃən͜hals]
jarro, garrafa (f)	Karaffe (f)	[ka'ʁafə]
jarro (m) de barro	Tonkrug (m)	['toːn͜kʁuːk]
recipiente (m)	Gefäß (n)	[gə'fɛːs]
pote (m)	Tontopf (m)	['toːn͜tɔpf]
vaso (m)	Vase (f)	['vaːzə]
frasco (~ de perfume)	Flakon (n)	[fla'kɔn]
frasquinho (ex. ~ de iodo)	Fläschchen (n)	['flɛʃçən]
tubo (~ de pasta dentífrica)	Tube (f)	['tuːbə]
saca (ex. ~ de açúcar)	Sack (m)	[zak]
saco (~ de plástico)	Tüte (f)	['tyːtə]
maço (m)	Schachtel (f)	['ʃaχtəl]
caixa (~ de sapatos, etc.)	Karton (m)	[kaʁ'tɔn]
caixa (~ de madeira)	Kiste (f)	['kɪstə]
cesta (f)	Korb (m)	[kɔʁp]

O SER HUMANO

O ser humano. O corpo

24. Cabeça

cabeça (f)	Kopf (m)	[kɔpf]
cara (f)	Gesicht (n)	[gə'zɪçt]
nariz (m)	Nase (f)	['na:zə]
boca (f)	Mund (m)	[mʊnt]
olho (m)	Auge (n)	['aʊgə]
olhos (m pl)	Augen (pl)	['aʊgən]
pupila (f)	Pupille (f)	[pu'pɪlə]
sobrancelha (f)	Augenbraue (f)	['aʊgən,bʁaʊə]
pestana (f)	Wimper (f)	['vɪmpə]
pálpebra (f)	Augenlid (n)	['aʊgəŋ,li:t]
língua (f)	Zunge (f)	['tsʊŋə]
dente (m)	Zahn (m)	[tsa:n]
lábios (m pl)	Lippen (pl)	['lɪpən]
maçãs (f pl) do rosto	Backenknochen (pl)	['bakən,knɔχən]
gengiva (f)	Zahnfleisch (n)	['tsa:n,flaɪʃ]
paladar (m)	Gaumen (m)	['gaʊmən]
narinas (f pl)	Nasenlöcher (pl)	['na:zən,lœçə]
queixo (m)	Kinn (n)	[kɪn]
mandíbula (f)	Kiefer (m)	['ki:fə]
bochecha (f)	Wange (f)	['vaŋə]
testa (f)	Stirn (f)	[ʃtɪʁn]
têmpora (f)	Schläfe (f)	['ʃlɛ:fə]
orelha (f)	Ohr (n)	[o:ɐ]
nuca (f)	Nacken (m)	['nakən]
pescoço (m)	Hals (m)	[hals]
garganta (f)	Kehle (f)	['ke:lə]
cabelos (m pl)	Haare (pl)	['ha:ʁə]
penteado (m)	Frisur (f)	[ˌfʁi'zu:ɐ]
corte (m) de cabelo	Haarschnitt (m)	['ha:ɐʃnɪt]
peruca (f)	Perücke (f)	[pe'ʁʏkə]
bigode (m)	Schnurrbart (m)	['ʃnʊʁ,ba:ɐt]
barba (f)	Bart (m)	[ba:ɐt]
usar, ter (~ barba, etc.)	haben (vt)	[ha:bən]
trança (f)	Zopf (m)	[tsɔpf]
suíças (f pl)	Backenbart (m)	['bakən,ba:ɐt]
ruivo	rothaarig	['ʁo:t,ha:ʁɪç]
grisalho	grau	[gʁaʊ]

| calvo | kahl | [kaːl] |
| calva (f) | Glatze (f) | ['glatsə] |

| rabo-de-cavalo (m) | Pferdeschwanz (m) | ['pfeːɐdəʃvants] |
| franja (f) | Pony (m) | ['pɔni] |

25. Corpo humano

| mão (f) | Hand (f) | [hant] |
| braço (m) | Arm (m) | [aʁm] |

dedo (m)	Finger (m)	['fɪŋɐ]
dedo (m) do pé	Zehe (f)	['tseːə]
polegar (m)	Daumen (m)	['daʊmən]
dedo (m) mindinho	kleiner Finger (m)	['klaɪnɐ 'fɪŋɐ]
unha (f)	Nagel (m)	['naːgəl]

punho (m)	Faust (f)	[faʊst]
palma (f) da mão	Handfläche (f)	['hant·ˌflɛçə]
pulso (m)	Handgelenk (n)	['hant·gəˌlɛŋk]
antebraço (m)	Unterarm (m)	['ʊntɐˌʔaʁm]
cotovelo (m)	Ellbogen (m)	['ɛlˌboːgən]
ombro (m)	Schulter (f)	['ʃʊltɐ]

perna (f)	Bein (n)	[baɪn]
pé (m)	Fuß (m)	[fuːs]
joelho (m)	Knie (n)	[kniː]
barriga (f) da perna	Wade (f)	['vaːdə]
anca (f)	Hüfte (f)	['hʏftə]
calcanhar (m)	Ferse (f)	['fɛʁzə]

corpo (m)	Körper (m)	['kœʁpɐ]
barriga (f)	Bauch (m)	['baʊx]
peito (m)	Brust (f)	[bʁʊst]
seio (m)	Busen (m)	['buːzən]
lado (m)	Seite (f), Flanke (f)	['zaɪtə], ['flaŋkə]
costas (f pl)	Rücken (m)	['ʁʏkən]
região (f) lombar	Kreuz (n)	[kʁɔɪts]
cintura (f)	Taille (f)	['taljə]

umbigo (m)	Nabel (m)	['naːbəl]
nádegas (f pl)	Gesäßbacken (pl)	[gə'zɛːsˌbakən]
traseiro (m)	Hinterteil (n)	['hɪntɐˌtaɪl]

sinal (m)	Leberfleck (m)	['leːbɐˌflɛk]
sinal (m) de nascença	Muttermal (n)	['mʊtɐˌmaːl]
tatuagem (f)	Tätowierung (f)	[tɛto'viːʁʊŋ]
cicatriz (f)	Narbe (f)	['naʁbə]

Vestuário & Acessórios

26. Roupa exterior. Casacos

roupa (f)	Kleidung (f)	['klaɪdʊŋ]
roupa (f) exterior	Oberkleidung (f)	['oːbɐˌklaɪdʊŋ]
roupa (f) de inverno	Winterkleidung (f)	['vɪntɐˌklaɪdʊŋ]
sobretudo (m)	Mantel (m)	['mantəl]
casaco (m) de peles	Pelzmantel (m)	['pɛltsˌmantəl]
casaco curto (m) de peles	Pelzjacke (f)	['pɛltsˌjakə]
casaco (m) acolchoado	Daunenjacke (f)	['daʊnənˌjakə]
casaco, blusão (m)	Jacke (f)	['jakə]
impermeável (m)	Regenmantel (m)	['ʀeːɡənˌmantəl]
impermeável	wasserdicht	['vasɐˌdɪçt]

27. Vestuário de homem & mulher

camisa (f)	Hemd (n)	[hɛmt]
calças (f pl)	Hose (f)	['hoːzə]
calças (f pl) de ganga	Jeans (f)	[dʒiːns]
casaco (m) de fato	Jackett (n)	[ʒa'kɛt]
fato (m)	Anzug (m)	['anˌtsuːk]
vestido (ex. ~ vermelho)	Kleid (n)	[klaɪt]
saia (f)	Rock (m)	[ʀɔk]
blusa (f)	Bluse (f)	['bluːzə]
casaco (m) de malha	Strickjacke (f)	['ʃtʀɪkˌjakə]
casaco, blazer (m)	Jacke (f)	['jakə]
T-shirt, camiseta (f)	T-Shirt (n)	['tiːˌʃøːɐt]
calções (Bermudas, etc.)	Shorts (pl)	[ʃɔɐts]
fato (m) de treino	Sportanzug (m)	['ʃpɔɐtˌantsuːk]
roupão (m) de banho	Bademantel (m)	['baːdəˌmantəl]
pijama (m)	Schlafanzug (m)	['ʃlaːfʔanˌtsuːk]
suéter (m)	Sweater (m)	['swɛtɐ]
pulôver (m)	Pullover (m)	[pʊ'loːvɐ]
colete (m)	Weste (f)	['vɛstə]
fraque (m)	Frack (m)	[fʀak]
smoking (m)	Smoking (m)	['smoːkɪŋ]
uniforme (m)	Uniform (f)	['ʊniˌfɔɐm]
roupa (f) de trabalho	Arbeitskleidung (f)	['aʁbaɪtsˌklaɪdʊŋ]
fato-macaco (m)	Overall (m)	['oːvəʀal]
bata (~ branca, etc.)	Kittel (m)	['kɪtəl]

28. Vestuário. Roupa interior

roupa (f) interior	Unterwäsche (f)	['ʊntɐˌvɛʃə]
cuecas boxer (f pl)	Herrenslip (m)	['hɛʀənˌslɪp]
cuecas (f pl)	Damenslip (m)	['daːmənˌslɪp]
camisola (f) interior	Unterhemd (n)	['ʊntɐˌhɛmt]
peúgas (f pl)	Socken (pl)	['zɔkən]
camisa (f) de noite	Nachthemd (n)	['naxtˌhɛmt]
sutiã (m)	Büstenhalter (m)	['bystənˌhaltɐ]
meias longas (f pl)	Kniestrümpfe (pl)	['kniːˌʃtʀʏmpfə]
meias-calças (f pl)	Strumpfhose (f)	['ʃtʀʊmpfˌhoːzə]
meias (f pl)	Strümpfe (pl)	['ʃtʀʏmpfə]
fato (m) de banho	Badeanzug (m)	['baːdəˌʔantsuːk]

29. Adereços de cabeça

chapéu (m)	Mütze (f)	['mʏtsə]
chapéu (m) de feltro	Filzhut (m)	['fɪltsˌhuːt]
boné (m) de beisebol	Baseballkappe (f)	['bɛɪsbɔːlˌkapə]
boné (m)	Schiebermütze (f)	['ʃiːbɐˌmʏtsə]
boina (f)	Baskenmütze (f)	['baskənˌmʏtsə]
capuz (m)	Kapuze (f)	[ka'puːtsə]
panamá (m)	Panamahut (m)	['panamaːˌhuːt]
gorro (m) de malha	Strickmütze (f)	['ʃtʀɪkˌmʏtsə]
lenço (m)	Kopftuch (n)	['kɔpfˌtuːx]
chapéu (m) de mulher	Damenhut (m)	['daːmənˌhuːt]
capacete (m) de proteção	Schutzhelm (m)	['ʃʊtsˌhɛlm]
bivaque (m)	Feldmütze (f)	['fɛltˌmʏtsə]
capacete (m)	Helm (m)	[hɛlm]
chapéu-coco (m)	Melone (f)	[me'loːnə]
chapéu (m) alto	Zylinder (m)	[tsy'lɪndɐ]

30. Calçado

calçado (m)	Schuhe (pl)	['ʃuːə]
botinas (f pl)	Stiefeletten (pl)	[ʃtiːfə'lɛtən]
sapatos (de salto alto, etc.)	Halbschuhe (pl)	['halpˌʃuːə]
botas (f pl)	Stiefel (pl)	['ʃtiːfəl]
pantufas (f pl)	Hausschuhe (pl)	['haʊsˌʃuːə]
ténis (m pl)	Tennisschuhe (pl)	['tɛnɪsˌʃuːə]
sapatilhas (f pl)	Leinenschuhe (pl)	['laɪnənˌʃuːə]
sandálias (f pl)	Sandalen (pl)	[zan'daːlən]
sapateiro (m)	Schuster (m)	['ʃuːstɐ]
salto (m)	Absatz (m)	['apˌzats]

par (m)	Paar (n)	[pa:ɐ]
atacador (m)	Schnürsenkel (m)	['ʃny:ɐˌsɛŋkəl]
apertar os atacadores	schnüren (vt)	['ʃny:ʀən]
calçadeira (f)	Schuhlöffel (m)	['ʃu:ˌlœfəl]
graxa (f) para calçado	Schuhcreme (f)	['ʃu:ˌkʀɛ:m]

31. Acessórios pessoais

luvas (f pl)	Handschuhe (pl)	['hantˌʃu:ə]
mitenes (f pl)	Fausthandschuhe (pl)	['faʊstˈhantˌʃu:ə]
cachecol (m)	Schal (m)	[ʃa:l]

óculos (m pl)	Brille (f)	['bʀɪlə]
armação (f) de óculos	Brillengestell (n)	['bʀɪlənˈgəˈʃtɛl]
guarda-chuva (m)	Regenschirm (m)	['ʀeːgənˈʃɪʀm]
bengala (f)	Spazierstock (m)	[ʃpaˈtsiːɐˈʃtɔk]
escova (f) para o cabelo	Haarbürste (f)	['haːɐˌbyʀstə]
leque (m)	Fächer (m)	['fɛçɐ]

gravata (f)	Krawatte (f)	[kʀaˈvatə]
gravata-borboleta (f)	Fliege (f)	['fliːgə]
suspensórios (m pl)	Hosenträger (pl)	['hoːzənˌtʀɛːgɐ]
lenço (m)	Taschentuch (n)	['taʃənˌtu:χ]

pente (m)	Kamm (m)	[kam]
travessão (m)	Haarspange (f)	['haːɐˌʃpaŋə]
gancho (m) de cabelo	Haarnadel (f)	['haːɐˌnaːdəl]
fivela (f)	Schnalle (f)	['ʃnalə]

| cinto (m) | Gürtel (m) | ['gyʀtəl] |
| correia (f) | Umhängegurt (m) | ['ʊmhɛŋəˌgʊʀt] |

mala (f)	Tasche (f)	['taʃə]
mala (f) de senhora	Handtasche (f)	['hantˌtaʃə]
mochila (f)	Rucksack (m)	['ʀʊkˌzak]

32. Vestuário. Diversos

moda (f)	Mode (f)	['moːdə]
na moda	modisch	['moːdɪʃ]
estilista (m)	Modedesigner (m)	['moːdəˈdiˈzaɪnɐ]

colarinho (m), gola (f)	Kragen (m)	['kʀaːgən]
bolso (m)	Tasche (f)	['taʃə]
de bolso	Taschen-	['taʃən]
manga (f)	Ärmel (m)	['ɛʀməl]
presilha (f)	Aufhänger (m)	['aʊfˌhɛŋə]
braguilha (f)	Hosenschlitz (m)	['hoːzənˌʃlɪts]

fecho (m) de correr	Reißverschluss (m)	['ʀaɪsˈfɛɐˌʃlʊs]
fecho (m), colchete (m)	Verschluss (m)	[fɛɐˈʃlʊs]
botão (m)	Knopf (m)	[knɔpf]

| casa (f) de botão | Knopfloch (n) | ['knɔpf‚lɔχ] |
| saltar (vi) (botão, etc.) | abgehen (vi) | ['ap‚geːən] |

coser, costurar (vi)	nähen (vi, vt)	['nɛːən]
bordar (vt)	sticken (vt)	['ʃtɪkən]
bordado (m)	Stickerei (f)	[ʃtɪkə'ʀaɪ]
agulha (f)	Nadel (f)	['naːdəl]
fio (m)	Faden (m)	['faːdən]
costura (f)	Naht (f)	[naːt]

sujar-se (vr)	sich beschmutzen	[zɪç bə'ʃmʊtsən]
mancha (f)	Fleck (m)	[flɛk]
engelhar-se (vr)	sich knittern	[zɪç 'knɪtən]
rasgar (vt)	zerreißen (vt)	[tsɛɐ'ʀaɪsən]
traça (f)	Motte (f)	['mɔtə]

33. Cuidados pessoais. Cosméticos

pasta (f) de dentes	Zahnpasta (f)	['tsaːn‚pasta]
escova (f) de dentes	Zahnbürste (f)	['tsaːn‚bʏʁstə]
escovar os dentes	Zähne putzen	['tsɛːnə 'pʊtsən]

máquina (f) de barbear	Rasierer (m)	[ʀa'ziːʀɐ]
creme (m) de barbear	Rasiercreme (f)	[ʀa'ziːɐ‚kʀɛːm]
barbear-se (vr)	sich rasieren	[zɪç ʀa'ziːʀən]

| sabonete (m) | Seife (f) | ['zaɪfə] |
| champô (m) | Shampoo (n) | ['ʃampu] |

tesoura (f)	Schere (f)	['ʃeːʀə]
lima (f) de unhas	Nagelfeile (f)	['naːgəl‚faɪlə]
corta-unhas (m)	Nagelzange (f)	['naːgəl‚tsaŋə]
pinça (f)	Pinzette (f)	[pɪn'tsɛtə]

cosméticos (m pl)	Kosmetik (f)	[kɔs'meːtɪk]
máscara (f) facial	Gesichtsmaske (f)	[gə'zɪçts‚maskə]
manicura (f)	Maniküre (f)	[mani'kyːʀə]
fazer a manicura	Maniküre machen	[mani'kyːʀə 'maχən]
pedicure (f)	Pediküre (f)	[pedi'kyːʀə]

mala (f) de maquilhagem	Kosmetiktasche (f)	[kɔs'meːtɪk‚taʃə]
pó (m)	Puder (m)	['puːdɐ]
caixa (f) de pó	Puderdose (f)	['puːdɐ‚doːzə]
blush (m)	Rouge (n)	[ʀuːʒ]

perfume (m)	Parfüm (n)	[paʁ'fyːm]
água (f) de toilette	Duftwasser (n)	['dʊft‚vasɐ]
loção (f)	Lotion (f)	[lo'tsjoːn]
água-de-colónia (f)	Kölnischwasser (n)	['kœlnɪʃ‚vasɐ]

sombra (f) de olhos	Lidschatten (m)	['liːtʃatən]
lápis (m) delineador	Kajalstift (m)	[ka'jaːl‚ʃtɪft]
máscara (f), rímel (m)	Wimperntusche (f)	['vɪmpɐn‚tʊʃə]
batom (m)	Lippenstift (m)	['lɪpənʃtɪft]

verniz (m) de unhas	**Nagellack** (m)	['naːɡəlˌlak]
laca (f) para cabelos	**Haarlack** (m)	['haːɐˌlak]
desodorizante (m)	**Deodorant** (n)	[deodo'ʀant]

creme (m)	**Creme** (f)	[kʀɛːm]
creme (m) de rosto	**Gesichtscreme** (f)	[ɡə'zɪçtsˌkʀɛːm]
creme (m) de mãos	**Handcreme** (f)	['hantˌkʀɛːm]
creme (m) antirrugas	**Anti-Falten-Creme** (f)	[ˌanti'faltən·kʀɛːm]
creme (m) de dia	**Tagescreme** (f)	['taːɡəsˌkʀɛːm]
creme (m) de noite	**Nachtcreme** (f)	['naχtˌkʀɛːm]
de dia	**Tages-**	['taːɡəs]
da noite	**Nacht-**	[naχt]

tampão (m)	**Tampon** (m)	['tampoːn]
papel (m) higiénico	**Toilettenpapier** (n)	[toa'lɛtən·paˌpiːɐ]
secador (m) elétrico	**Föhn** (m)	['føːn]

34. Relógios de pulso. Relógios

relógio (m) de pulso	**Armbanduhr** (f)	['aʁmbantˌʔuːɐ]
mostrador (m)	**Zifferblatt** (n)	['tsɪfɐˌblat]
ponteiro (m)	**Zeiger** (m)	['tsaɪɡɐ]
bracelete (f) em aço	**Metallarmband** (n)	[me'talˌʔaʁmbant]
bracelete (f) em pele	**Uhrenarmband** (n)	['uːʀənˌʔaʁmbant]

pilha (f)	**Batterie** (f)	[batə'ʀiː]
descarregar-se	**verbraucht sein**	[fɛɐ'bʀauχt zaɪn]
trocar a pilha	**die Batterie wechseln**	[di batə'ʀiː 'vɛksəln]
estar adiantado	**vorgehen** (vi)	['foːɐˌɡeːən]
estar atrasado	**nachgehen** (vi)	['naːχˌɡeːən]

relógio (m) de parede	**Wanduhr** (f)	['vantˌʔuːɐ]
ampulheta (f)	**Sanduhr** (f)	['zantˌʔuːɐ]
relógio (m) de sol	**Sonnenuhr** (f)	['zɔnənˌʔuːɐ]
despertador (m)	**Wecker** (m)	['vɛkɐ]
relojoeiro (m)	**Uhrmacher** (m)	['uːɐˌmaχɐ]
reparar (vt)	**reparieren** (vt)	[ʀepa'ʀiːʀən]

Alimantação. Nutrição

35. Comida

carne (f)	Fleisch (n)	[flaɪʃ]
galinha (f)	Hühnerfleisch (n)	['hy:nɐ̩flaɪʃ]
frango (m)	Küken (n)	['ky:kən]
pato (m)	Ente (f)	['ɛntə]
ganso (m)	Gans (f)	[gans]
caça (f)	Wild (n)	[vɪlt]
peru (m)	Pute (f)	['pu:tə]

carne (f) de porco	Schweinefleisch (n)	['ʃvaɪnə̩flaɪʃ]
carne (f) de vitela	Kalbfleisch (n)	['kalp̩flaɪʃ]
carne (f) de carneiro	Hammelfleisch (n)	['haməl̩flaɪʃ]
carne (f) de vaca	Rindfleisch (n)	['ʀɪnt̩flaɪʃ]
carne (f) de coelho	Kaninchenfleisch (n)	[ka'ni:nçən̩flaɪʃ]

chouriço, salsichão (m)	Wurst (f)	[vuʀst]
salsicha (f)	Würstchen (n)	['vyʀstçən]
bacon (m)	Schinkenspeck (m)	['ʃɪŋkənˌʃpɛk]
fiambre (f)	Schinken (m)	['ʃɪŋkən]
presunto (m)	Räucherschinken (m)	['ʀɔɪçɐˌʃɪŋkən]

patê (m)	Pastete (f)	[pas'te:tə]
fígado (m)	Leber (f)	['le:bɐ]
carne (f) moída	Hackfleisch (n)	['hak̩flaɪʃ]
língua (f)	Zunge (f)	['tsʊŋə]

ovo (m)	Ei (n)	[aɪ]
ovos (m pl)	Eier (pl)	['aɪɐ]
clara (f) do ovo	Eiweiß (n)	['aɪvaɪs]
gema (f) do ovo	Eigelb (n)	['aɪgɛlp]

peixe (m)	Fisch (m)	[fɪʃ]
marisco (m)	Meeresfrüchte (pl)	['me:ʀəsˌfʀʏçtə]
crustáceos (m pl)	Krebstiere (pl)	['kʀe:psˌti:ʀə]
caviar (m)	Kaviar (m)	['ka:vɪaʀ]

caranguejo (m)	Krabbe (f)	['kʀabə]
camarão (m)	Garnele (f)	[gaʀ'ne:lə]
ostra (f)	Auster (f)	['aʊstɐ]
lagosta (f)	Languste (f)	[laŋ'gʊstə]
polvo (m)	Krake (m)	['kʀa:kə]
lula (f)	Kalmar (m)	['kalmaʀ]

esturjão (m)	Störfleisch (n)	['ʃtø:ɐ̩flaɪʃ]
salmão (m)	Lachs (m)	[laks]
halibute (m)	Heilbutt (m)	['haɪlbʊt]
bacalhau (m)	Dorsch (m)	[dɔʀʃ]

cavala, sarda (f)	Makrele (f)	[ma'kʀeːlə]
atum (m)	Tunfisch (m)	['tuːnfɪʃ]
enguia (f)	Aal (m)	[aːl]
truta (f)	Forelle (f)	[ˌfo'ʀɛlə]
sardinha (f)	Sardine (f)	[zaʁ'diːnə]
lúcio (m)	Hecht (m)	[hɛçt]
arenque (m)	Hering (m)	['heːʀɪŋ]
pão (m)	Brot (n)	[bʀoːt]
queijo (m)	Käse (m)	['kɛːzə]
açúcar (m)	Zucker (m)	['tsʊkɐ]
sal (m)	Salz (n)	[zalts]
arroz (m)	Reis (m)	[ʀaɪs]
massas (f pl)	Teigwaren (pl)	['taɪkˌvaːʀən]
talharim (m)	Nudeln (pl)	['nuːdəln]
manteiga (f)	Butter (f)	['bʊtɐ]
óleo (m) vegetal	Pflanzenöl (n)	['pflantsənˌʔøːl]
óleo (m) de girassol	Sonnenblumenöl (n)	['zɔnənbluːmənˌʔøːl]
margarina (f)	Margarine (f)	[maʁga'ʀiːnə]
azeitonas (f pl)	Oliven (pl)	[o'liːvən]
azeite (m)	Olivenöl (n)	[o'liːvənˌʔøːl]
leite (m)	Milch (f)	[mɪlç]
leite (m) condensado	Kondensmilch (f)	[kɔn'dɛnsˌmɪlç]
iogurte (m)	Joghurt (m, f)	['joːgʊʁt]
nata (f)	saure Sahne (f)	['zaʊʀə 'zaːnə]
nata (f) do leite	Sahne (f)	['zaːnə]
maionese (f)	Mayonnaise (f)	[majo'nɛːzə]
creme (m)	Buttercreme (f)	['bʊtɐˌkʀɛːm]
grãos (m pl) de cereais	Grütze (f)	['gʀʏtsə]
farinha (f)	Mehl (n)	[meːl]
enlatados (m pl)	Konserven (pl)	[kɔn'zɛʁvən]
flocos (m pl) de milho	Maisflocken (pl)	[maɪs'flɔkən]
mel (m)	Honig (m)	['hoːnɪç]
doce (m)	Marmelade (f)	[ˌmaʁmə'laːdə]
pastilha (f) elástica	Kaugummi (m, n)	['kaʊˌgʊmi]

36. Bebidas

água (f)	Wasser (n)	['vasɐ]
água (f) potável	Trinkwasser (n)	['tʀɪŋkˌvasɐ]
água (f) mineral	Mineralwasser (n)	[mine'ʀaːlˌvasɐ]
sem gás	still	[ʃtɪl]
gaseificada	mit Kohlensäure	[mɪt 'koːlənˌzɔɪʀə]
com gás	mit Gas	[mɪt gaːs]
gelo (m)	Eis (n)	[aɪs]

com gelo	mit Eis	[mɪt aɪs]
sem álcool	alkoholfrei	['alkohoːlˈfʁaɪ]
bebida (f) sem álcool	alkoholfreies Getränk (n)	['alkohoːlˈfʁaɪəs gə'tʁɛŋk]
refresco (m)	Erfrischungsgetränk (n)	[ɛɐ'fʁɪʃʊŋsˈgəˌtʁɛŋk]
limonada (f)	Limonade (f)	[limo'naːdə]
bebidas (f pl) alcoólicas	Spirituosen (pl)	[ʃpiʁi'tʊoːzən]
vinho (m)	Wein (m)	[vaɪn]
vinho (m) branco	Weißwein (m)	['vaɪsˌvaɪn]
vinho (m) tinto	Rotwein (m)	['ʁoːtˌvaɪn]
licor (m)	Likör (m)	[li'køːɐ]
champanhe (m)	Champagner (m)	[ʃam'panjɐ]
vermute (m)	Wermut (m)	['veːɐmuːt]
uísque (m)	Whisky (m)	['vɪski]
vodka (f)	Wodka (m)	['vɔtka]
gim (m)	Gin (m)	[dʒɪn]
conhaque (m)	Kognak (m)	['kɔnjak]
rum (m)	Rum (m)	[ʁʊm]
café (m)	Kaffee (m)	['kafe]
café (m) puro	schwarzer Kaffee (m)	['ʃvaʁtsɐ 'kafe]
café (m) com leite	Milchkaffee (m)	['mɪlç·kaˌfeː]
cappuccino (m)	Cappuccino (m)	[ˌkapʊ'tʃiːno]
café (m) solúvel	Pulverkaffee (m)	['pʊlfɐˌkafe]
leite (m)	Milch (f)	[mɪlç]
coquetel (m)	Cocktail (m)	['kɔktɛɪl]
batido (m) de leite	Milchcocktail (m)	['mɪlçˌkɔktɛɪl]
sumo (m)	Saft (m)	[zaft]
sumo (m) de tomate	Tomatensaft (m)	[to'maːtənˌzaft]
sumo (m) de laranja	Orangensaft (m)	[o'ʁaːŋʒənˌzaft]
sumo (m) fresco	frisch gepresster Saft (m)	[fʁɪʃ gə'pʁɛstə zaft]
cerveja (f)	Bier (n)	[biːɐ]
cerveja (f) clara	Helles (n)	['hɛlɛs]
cerveja (f) preta	Dunkelbier (n)	['dʊŋkəlˌbiːɐ]
chá (m)	Tee (m)	[teː]
chá (m) preto	schwarzer Tee (m)	['ʃvaʁtsɐ 'teː]
chá (m) verde	grüner Tee (m)	['gʁyːnɐ teː]

37. Vegetais

legumes (m pl)	Gemüse (n)	[gə'myːzə]
verduras (f pl)	grünes Gemüse (pl)	['gʁyːnəs gə'myːzə]
tomate (m)	Tomate (f)	[to'maːtə]
pepino (m)	Gurke (f)	['gʊʁkə]
cenoura (f)	Karotte (f)	[ka'ʁɔtə]
batata (f)	Kartoffel (f)	[kaʁ'tɔfəl]
cebola (f)	Zwiebel (f)	['tsviːbəl]

alho (m)	Knoblauch (m)	['kno:p‚lauχ]
couve (f)	Kohl (m)	[ko:l]
couve-flor (f)	Blumenkohl (m)	['blu:mən‚ko:l]
couve-de-bruxelas (f)	Rosenkohl (m)	['ʀo:zən‚ko:l]
brócolos (m pl)	Brokkoli (m)	['bʀɔkoli]
beterraba (f)	Rote Bete (f)	[‚ʀo:tə'be:tə]
beringela (f)	Aubergine (f)	[‚obɛʀ'ʒi:nə]
curgete (f)	Zucchini (f)	[tsʊ'ki:ni]
abóbora (f)	Kürbis (m)	['kyʀbɪs]
nabo (m)	Rübe (f)	['ʀy:bə]
salsa (f)	Petersilie (f)	[petɐ'zi:lɪə]
funcho, endro (m)	Dill (m)	[dɪl]
alface (f)	Kopf Salat (m)	[kɔpf za'la:t]
aipo (m)	Sellerie (m)	['zɛlɐʀi]
espargo (m)	Spargel (m)	['ʃpaʀgəl]
espinafre (m)	Spinat (m)	[ʃpi'na:t]
ervilha (f)	Erbse (f)	['ɛʀpsə]
fava (f)	Bohnen (pl)	['bo:nən]
milho (m)	Mais (m)	['maɪs]
feijão (m)	weiße Bohne (f)	['vaɪsə 'bo:nə]
pimentão (m)	Paprika (m)	['papʀika]
rabanete (m)	Radieschen (n)	[ʀa'di:sçən]
alcachofra (f)	Artischocke (f)	[aʀti'ʃɔkə]

38. Frutos. Nozes

fruta (f)	Frucht (f)	[fʀʊχt]
maçã (f)	Apfel (m)	['apfəl]
pera (f)	Birne (f)	['bɪʀnə]
limão (m)	Zitrone (f)	[tsi'tʀo:nə]
laranja (f)	Apfelsine (f)	[apfəl'zi:nə]
morango (m)	Erdbeere (f)	['e:ɐt‚be:ʀə]
tangerina (f)	Mandarine (f)	[‚manda'ʀi:nə]
ameixa (f)	Pflaume (f)	['pflaʊmə]
pêssego (m)	Pfirsich (m)	['pfɪʀzɪç]
damasco (m)	Aprikose (f)	[‚apʀi'ko:zə]
framboesa (f)	Himbeere (f)	['hɪm‚be:ʀə]
ananás (m)	Ananas (f)	['ananas]
banana (f)	Banane (f)	[ba'na:nə]
melancia (f)	Wassermelone (f)	['vasɐme‚lo:nə]
uva (f)	Weintrauben (pl)	['vaɪn‚tʀaʊbən]
ginja (f)	Sauerkirsche (f)	['zaʊɐ‚kɪʀʃə]
cereja (f)	Süßkirsche (f)	['zy:s‚kɪʀʃə]
meloa (f)	Melone (f)	[me'lo:nə]
toranja (f)	Grapefruit (f)	['gʀɛɪp‚fʀu:t]
abacate (m)	Avocado (f)	[avo'ka:do]
papaia (f)	Papaya (f)	[pa'pa:ja]

| manga (f) | Mango (f) | ['maŋgo] |
| romã (f) | Granatapfel (m) | [gʀaˈnaːt͜ʔapfəl] |

groselha (f) vermelha	rote Johannisbeere (f)	['ʀoːtə joːˈhanɪsbeːʀə]
groselha (f) preta	schwarze Johannisbeere (f)	['ʃvaʀtsə joːˈhanɪsbeːʀə]
groselha (f) espinhosa	Stachelbeere (f)	['ʃtaχəlˌbeːʀə]
mirtilo (m)	Heidelbeere (f)	['haɪdəlˌbeːʀə]
amora silvestre (f)	Brombeere (f)	['bʀɔmˌbeːʀə]

uvas (f pl) passas	Rosinen (pl)	[ʀoˈziːnən]
figo (m)	Feige (f)	['faɪgə]
tâmara (f)	Dattel (f)	['datəl]

amendoim (m)	Erdnuss (f)	['eːɐtˌnʊs]
amêndoa (f)	Mandel (f)	['mandəl]
noz (f)	Walnuss (f)	['valˌnʊs]
avelã (f)	Haselnuss (f)	['haːzəlˌnʊs]
coco (m)	Kokosnuss (f)	['koːkɔsˌnʊs]
pistáchios (m pl)	Pistazien (pl)	[pɪsˈtaːtsɪən]

39. Pão. Bolaria

pastelaria (f)	Konditorwaren (pl)	[kɔnˈditoːɐˌvaːʀən]
pão (m)	Brot (n)	[bʀoːt]
bolacha (f)	Keks (m, n)	[keːks]

chocolate (m)	Schokolade (f)	[ʃokoˈlaːdə]
de chocolate	Schokoladen-	[ʃokoˈlaːdən]
rebuçado (m)	Bonbon (m, n)	[bɔŋˈbɔŋ]
bolo (cupcake, etc.)	Kuchen (m)	['kuːχən]
bolo (m) de aniversário	Torte (f)	['tɔʀtə]

| tarte (~ de maçã) | Kuchen (m) | ['kuːχən] |
| recheio (m) | Füllung (f) | ['fʏlʊŋ] |

doce (m)	Konfitüre (f)	[ˌkɔnfiˈtyːʀə]
geleia (f) de frutas	Marmelade (f)	[ˌmaʀməˈlaːdə]
waffle (m)	Waffeln (pl)	[vafəln]
gelado (m)	Eis (n)	[aɪs]
pudim (m)	Pudding (m)	['pʊdɪŋ]

40. Pratos cozinhados

prato (m)	Gericht (n)	[gəˈʀɪçt]
cozinha (~ portuguesa)	Küche (f)	['kʏçə]
receita (f)	Rezept (n)	[ʀeˈtsɛpt]
porção (f)	Portion (f)	[pɔʀˈtsjoːn]

salada (f)	Salat (m)	[zaˈlaːt]
sopa (f)	Suppe (f)	['zʊpə]
caldo (m)	Brühe (f), Bouillon (f)	['bʀyːə], [bulˈjɔn]
sandes (f)	belegtes Brot (n)	[bəˈleːktəs bʀoːt]

ovos (m pl) estrelados	Spiegelei (n)	['ʃpi:gəl,ʔaɪ]
hambúrguer (m)	Hamburger (m)	['ham,buʁgɐ]
bife (m)	Beefsteak (n)	['bi:fʃte:k]

conduto (m)	Beilage (f)	['baɪ,la:gə]
espaguete (m)	Spaghetti (pl)	[ʃpa'gɛti]
puré (m) de batata	Kartoffelpüree (n)	[kaʁ'tɔfəl·py,ʁe:]
pizza (f)	Pizza (f)	['pɪtsa]
papa (f)	Brei (m)	[bʁaɪ]
omelete (f)	Omelett (n)	[ɔm'lɛt]

cozido em água	gekocht	[gə'kɔxt]
fumado	geräuchert	[gə'ʁɔɪçɐt]
frito	gebraten	[gə'bʁa:tən]
seco	getrocknet	[gə'tʁɔknət]
congelado	tiefgekühlt	['ti:fgə,ky:lt]
em conserva	mariniert	[maʁi'ni:ɐt]

doce (açucarado)	süß	[zy:s]
salgado	salzig	['zaltsɪç]
frio	kalt	[kalt]
quente	heiß	[haɪs]
amargo	bitter	['bɪtɐ]
gostoso	lecker	['lɛkɐ]

cozinhar (em água a ferver)	kochen (vt)	['kɔxən]
fazer, preparar (vt)	zubereiten (vt)	['tsu:bə,ʁaɪtən]
fritar (vt)	braten (vt)	['bʁa:tən]
aquecer (vt)	aufwärmen (vt)	['aʊf,vɛʁmən]

salgar (vt)	salzen (vt)	['zaltsən]
apimentar (vt)	pfeffern (vt)	['pfɛfɐn]
ralar (vt)	reiben (vt)	['ʁaɪbən]
casca (f)	Schale (f)	['ʃa:lə]
descascar (vt)	schälen (vt)	['ʃɛ:lən]

41. Especiarias

sal (m)	Salz (n)	[zalts]
salgado	salzig	['zaltsɪç]
salgar (vt)	salzen (vt)	['zaltsən]

pimenta (f) preta	schwarzer Pfeffer (m)	['ʃvaʁtsɐ 'pfɛfɐ]
pimenta (f) vermelha	roter Pfeffer (m)	['ʁo:tɐ 'pfɛfɐ]
mostarda (f)	Senf (m)	[zɛnf]
raiz-forte (f)	Meerrettich (m)	['me:ɐ,ʁɛtɪç]

condimento (m)	Gewürz (n)	[gə'vYʁts]
especiaria (f)	Gewürz (n)	[gə'vYʁts]
molho (m)	Soße (f)	['zo:sə]
vinagre (m)	Essig (m)	['ɛsɪç]

| anis (m) | Anis (m) | [a'ni:s] |
| manjericão (m) | Basilikum (n) | [ba'zi:likʊm] |

cravo (m)	Nelke (f)	['nɛlkə]
gengibre (m)	Ingwer (m)	['ɪŋvɐ]
coentro (m)	Koriander (m)	[ko'ʀɪandɐ]
canela (f)	Zimt (m)	[tsɪmt]

sésamo (m)	Sesam (m)	['ze:zam]
folhas (f pl) de louro	Lorbeerblatt (n)	['lɔʀbeːɐˌblat]
páprica (f)	Paprika (m)	['papʀika]
cominho (m)	Kümmel (m)	['kʏməl]
açafrão (m)	Safran (m)	['zafʀan]

42. Refeições

| comida (f) | Essen (n) | ['ɛsən] |
| comer (vt) | essen (vi, vt) | ['ɛsən] |

pequeno-almoço (m)	Frühstück (n)	['fʀyːʃtʏk]
tomar o pequeno-almoço	frühstücken (vi)	['fʀyːʃtʏkən]
almoço (m)	Mittagessen (n)	['mɪtaːkˌʔɛsən]
almoçar (vi)	zu Mittag essen	[tsu 'mɪtaːk 'ɛsən]
jantar (m)	Abendessen (n)	['aːbəntˌʔɛsən]
jantar (vi)	zu Abend essen	[tsu 'aːbənt 'ɛsən]

| apetite (m) | Appetit (m) | [apeˈtiːt] |
| Bom apetite! | Guten Appetit! | [ˌgutən ˌʔapeˈtiːt] |

abrir (~ uma lata, etc.)	öffnen (vt)	['œfnən]
derramar (vt)	verschütten (vt)	[fɛɐˈʃʏtən]
derramar-se (vr)	verschüttet werden	[fɛɐˈʃʏtət 'veːɐdən]

ferver (vi)	kochen (vi)	['kɔχən]
ferver (vt)	kochen (vt)	['kɔχən]
fervido	gekocht	[gəˈkɔχt]

| arrefecer (vt) | kühlen (vt) | ['kyːlən] |
| arrefecer-se (vr) | abkühlen (vi) | ['apˌkyːlən] |

| sabor, gosto (m) | Geschmack (m) | [gəˈʃmak] |
| gostinho (m) | Beigeschmack (m) | ['baɪgəˌʃmak] |

fazer dieta	auf Diät sein	[aʊf diˈɛːt zaɪn]
dieta (f)	Diät (f)	[diˈɛːt]
vitamina (f)	Vitamin (n)	[vitaˈmiːn]
caloria (f)	Kalorie (f)	[kaloˈʀiː]

| vegetariano (m) | Vegetarier (m) | [vegeˈtaːʀɪɐ] |
| vegetariano | vegetarisch | [vegeˈtaːʀɪʃ] |

gorduras (f pl)	Fett (n)	[fɛt]
proteínas (f pl)	Protein (n)	[pʀoteˈiːn]
carboidratos (m pl)	Kohlenhydrat (n)	['koːlənhyˌdʀaːt]
fatia (~ de limão, etc.)	Scheibchen (n)	['ʃaɪpçən]
pedaço (~ de bolo)	Stück (n)	[ʃtʏk]
migalha (f)	Krümel (m)	['kʀyːməl]

43. Por a mesa

colher (f)	Löffel (m)	['lœfəl]
faca (f)	Messer (n)	['mɛsɐ]
garfo (m)	Gabel (f)	[ga:bəl]
chávena (f)	Tasse (f)	['tasə]
prato (m)	Teller (m)	['tɛlɐ]
pires (m)	Untertasse (f)	['ʊntɐˌtasə]
guardanapo (m)	Serviette (f)	[zɛʁ'vɪɛtə]
palito (m)	Zahnstocher (m)	['tsa:nˌʃtɔχɐ]

44. Restaurante

restaurante (m)	Restaurant (n)	[ʀɛsto'ʀaŋ]
café (m)	Kaffeehaus (n)	[ka'fe:ˌhaʊs]
bar (m), cervejaria (f)	Bar (f)	[ba:ɐ]
salão (m) de chá	Teesalon (m)	['te:·za'lɔŋ]
empregado (m) de mesa	Kellner (m)	['kɛlnɐ]
empregada (f) de mesa	Kellnerin (f)	['kɛlnəʀɪn]
barman (m)	Barmixer (m)	['ba:ɐˌmɪksɐ]
ementa (f)	Speisekarte (f)	['ʃpaɪzəˌkaʁtə]
lista (f) de vinhos	Weinkarte (f)	['vaɪnˌkaʁtə]
reservar uma mesa	einen Tisch reservieren	['aɪnən tɪʃ ʀezɛʁ'vi:ʀən]
prato (m)	Gericht (n)	[gə'ʀɪçt]
pedir (vt)	bestellen (vt)	[bə'ʃtɛlən]
fazer o pedido	eine Bestellung aufgeben	['aɪnə bə'ʃtɛlʊŋ 'aʊfˌge:bən]
aperitivo (m)	Aperitif (m)	[apeʀi'ti:f]
entrada (f)	Vorspeise (f)	['fo:ɐˌʃpaɪzə]
sobremesa (f)	Nachtisch (m)	['na:χˌtɪʃ]
conta (f)	Rechnung (f)	['ʀɛçnʊŋ]
pagar a conta	Rechnung bezahlen	['ʀɛçnʊŋ bə'tsa:lən]
dar o troco	das Wechselgeld geben	[das 'vɛksəlˌgɛlt 'ge:bən]
gorjeta (f)	Trinkgeld (n)	['tʀɪŋkˌgɛlt]

Família, parentes e amigos

45. Informação pessoal. Formulários

nome (m)	**Vorname** (m)	['fo:ɐˌna:mə]
apelido (m)	**Name** (m)	['na:mə]
data (f) de nascimento	**Geburtsdatum** (n)	[gə'bu:ɐtsˌda:tʊm]
local (m) de nascimento	**Geburtsort** (m)	[gə'bu:ɐtsˌʔɔʁt]
nacionalidade (f)	**Nationalität** (f)	[natsjɔnali'tɛ:t]
lugar (m) de residência	**Wohnort** (m)	['vo:nˌʔɔʁt]
país (m)	**Land** (n)	[lant]
profissão (f)	**Beruf** (m)	[bə'ʁu:f]
sexo (m)	**Geschlecht** (n)	[gə'ʃlɛçt]
estatura (f)	**Größe** (f)	['gʀø:sə]
peso (m)	**Gewicht** (n)	[gə'vɪçt]

46. Membros da família. Parentes

mãe (f)	**Mutter** (f)	['mʊtə]
pai (m)	**Vater** (m)	['fa:tə]
filho (m)	**Sohn** (m)	[zo:n]
filha (f)	**Tochter** (f)	['tɔχtə]
filha (f) mais nova	**jüngste Tochter** (f)	['jʏŋstə 'tɔχtə]
filho (m) mais novo	**jüngste Sohn** (m)	['jʏŋstə 'zo:n]
filha (f) mais velha	**ältere Tochter** (f)	['ɛltəʀə 'tɔχtə]
filho (m) mais velho	**älterer Sohn** (m)	['ɛltəʀɐ 'zo:n]
irmão (m)	**Bruder** (m)	['bʀu:də]
irmã (f)	**Schwester** (f)	['ʃvɛstə]
primo (m)	**Cousin** (m)	[ku'zɛŋ]
prima (f)	**Cousine** (f)	[ku'zi:nə]
mamã (f)	**Mama** (f)	['mama]
papá (m)	**Papa** (m)	['papa]
pais (pl)	**Eltern** (pl)	['ɛltən]
criança (f)	**Kind** (n)	[kɪnt]
crianças (f pl)	**Kinder** (pl)	['kɪndə]
avó (f)	**Großmutter** (f)	['gʀo:sˌmʊtə]
avô (m)	**Großvater** (m)	['gʀo:sˌfa:tə]
neto (m)	**Enkel** (m)	['ɛŋkəl]
neta (f)	**Enkelin** (f)	['ɛŋkəlɪn]
netos (pl)	**Enkelkinder** (pl)	['ɛŋkəlˌkɪndə]
tio (m)	**Onkel** (m)	['ɔŋkəl]
tia (f)	**Tante** (f)	['tantə]

sobrinho (m)	**Neffe** (m)	['nɛfə]
sobrinha (f)	**Nichte** (f)	['nɪçtə]
sogra (f)	**Schwiegermutter** (f)	['ʃviːgɐˌmʊtə]
sogro (m)	**Schwiegervater** (m)	['ʃviːgɐˌfaːtə]
genro (m)	**Schwiegersohn** (m)	['ʃviːgɐˌzoːn]
madrasta (f)	**Stiefmutter** (f)	['ʃtiːfˌmʊtə]
padrasto (m)	**Stiefvater** (m)	['ʃtiːfˌfaːtə]
criança (f) de colo	**Säugling** (m)	['zɔɪklɪŋ]
bebé (m)	**Kleinkind** (n)	['klaɪnˌkɪnt]
menino (m)	**Kleine** (m)	['klaɪnə]
mulher (f)	**Frau** (f)	[fʀaʊ]
marido (m)	**Mann** (m)	[man]
esposo (m)	**Ehemann** (m)	['eːəˌman]
esposa (f)	**Gemahlin** (f)	[gə'maːlɪn]
casado	**verheiratet**	[fɛɛ'haɪʀaːtət]
casada	**verheiratet**	[fɛɛ'haɪʀaːtət]
solteiro	**ledig**	['leːdɪç]
solteirão (m)	**Junggeselle** (m)	['jʊŋgəˌzɛlə]
divorciado	**geschieden**	[gə'ʃiːdən]
viúva (f)	**Witwe** (f)	['vɪtvə]
viúvo (m)	**Witwer** (m)	['vɪtvɐ]
parente (m)	**Verwandte** (m)	[fɛɛ'vantə]
parente (m) próximo	**naher Verwandter** (m)	['naːɐ fɛɛ'vantə]
parente (m) distante	**entfernter Verwandter** (m)	[ɛnt'fɛɐntə fɛɛ'vantə]
parentes (m pl)	**Verwandte** (pl)	[fɛɛ'vantə]
órfão (m), órfã (f)	**Waise** (m, f)	['vaɪzə]
tutor (m)	**Vormund** (m)	['foːɐˌmʊnt]
adotar (um filho)	**adoptieren** (vt)	[adɔp'tiːʀən]
adotar (uma filha)	**adoptieren** (vt)	[adɔp'tiːʀən]

Medicina

47. Doenças

doença (f)	Krankheit (f)	['kʀaŋkhaɪt]
estar doente	krank sein	[kʀaŋk zaɪn]
saúde (f)	Gesundheit (f)	[gə'zʊnthaɪt]
nariz (m) a escorrer	Schnupfen (m)	['ʃnʊpfən]
amigdalite (f)	Angina (f)	[aŋ'gi:na]
constipação (f)	Erkältung (f)	[ɛɐ'kɛltʊŋ]
constipar-se (vr)	sich erkälten	[zɪç ɛɐ'kɛltən]
bronquite (f)	Bronchitis (f)	[bʀɔn'çi:tɪs]
pneumonia (f)	Lungenentzündung (f)	['lʊŋən?ɛntˌtsʏndʊŋ]
gripe (f)	Grippe (f)	['gʀɪpə]
míope	kurzsichtig	['kʊɐtsˌzɪçtɪç]
presbita	weitsichtig	['vaɪtˌzɪçtɪç]
estrabismo (m)	Schielen (n)	['ʃi:lən]
estrábico	schielend	['ʃi:lənt]
catarata (f)	grauer Star (m)	['gʀaʊɐ ʃta:ɐ]
glaucoma (m)	Glaukom (n)	[glaʊ'ko:m]
AVC (m), apoplexia (f)	Schlaganfall (m)	['ʃla:k?anˌfal]
ataque (m) cardíaco	Infarkt (m)	[ɪn'faʀkt]
enfarte (m) do miocárdio	Herzinfarkt (m)	['hɛɐts?ɪnˌfaʀkt]
paralisia (f)	Lähmung (f)	['lɛ:mʊŋ]
paralisar (vt)	lähmen (vt)	['lɛ:mən]
alergia (f)	Allergie (f)	[ˌalɛɐ'gi:]
asma (f)	Asthma (n)	['astma]
diabetes (f)	Diabetes (m)	[dia'be:tɛs]
dor (f) de dentes	Zahnschmerz (m)	['tsa:nˌʃmɛɐts]
cárie (f)	Karies (f)	['ka:ʀɪɛs]
diarreia (f)	Durchfall (m)	['dʊɐçˌfal]
prisão (f) de ventre	Verstopfung (f)	[fɛɐ'ʃtɔpfʊŋ]
desarranjo (m) intestinal	Magenverstimmung (f)	['ma:gən·fɛɐˌʃtɪmʊŋ]
intoxicação (f) alimentar	Vergiftung (f)	[fɛɐ'gɪftʊŋ]
intoxicar-se	Vergiftung bekommen	[fɛɐ'gɪftʊŋ bə'kɔmən]
artrite (f)	Arthritis (f)	[aʀ'tʀi:tɪs]
raquitismo (m)	Rachitis (f)	[ʀa'χi:tɪs]
reumatismo (m)	Rheumatismus (m)	[ʀɔɪma'tɪsmʊs]
arteriosclerose (f)	Atherosklerose (f)	[atɛʀɔskle'ʀo:zə]
gastrite (f)	Gastritis (f)	[gas'tʀi:tɪs]
apendicite (f)	Blinddarmentzündung (f)	['blɪntdaʀm?ɛntˌtsʏndʊŋ]

| colecistite (f) | Cholezystitis (f) | [çoletsʏs'ti:tɪs] |
| úlcera (f) | Geschwür (n) | [gə'ʃvy:ɐ] |

sarampo (m)	Masern (pl)	['ma:zɐn]
rubéola (f)	Röteln (pl)	['ʀø:təln]
iterícia (f)	Gelbsucht (f)	['gɛlp‚zuχt]
hepatite (f)	Hepatitis (f)	[‚hepa'ti:tɪs]

esquizofrenia (f)	Schizophrenie (f)	[ʃitsofʀe'ni:]
raiva (f)	Tollwut (f)	['tɔl‚vu:t]
neurose (f)	Neurose (f)	[nɔɪ'ʀo:zə]
comoção (f) cerebral	Gehirnerschütterung (f)	[gə'hɪʀn?ɛɐʃytəʀuŋ]

cancro (m)	Krebs (m)	[kʀe:ps]
esclerose (f)	Sklerose (f)	[skle'ʀo:zə]
esclerose (f) múltipla	multiple Sklerose (f)	[mʊl'ti:plə skle'ʀo:zə]

alcoolismo (m)	Alkoholismus (m)	[‚alkoho'lɪsmʊs]
alcoólico (m)	Alkoholiker (m)	[alko'ho:likɐ]
sífilis (f)	Syphilis (f)	['zy:filɪs]
SIDA (f)	AIDS	['eɪts]

tumor (m)	Tumor (m)	['tu:mo:ɐ]
maligno	bösartig	['bø:s‚?a:ɐtɪç]
benigno	gutartig	['gu:t‚?a:ɐtɪç]
febre (f)	Fieber (n)	['fi:bɐ]
malária (f)	Malaria (f)	[ma'la:ʀia]
gangrena (f)	Gangrän (f, n)	[gaŋ'gʀɛ:n]
enjoo (m)	Seekrankheit (f)	['ze:‚kʀaŋkhaɪt]
epilepsia (f)	Epilepsie (f)	[epilɛ'psi:]

epidemia (f)	Epidemie (f)	[epide'mi:]
tifo (m)	Typhus (m)	['ty:fʊs]
tuberculose (f)	Tuberkulose (f)	[tubɛʀku'lo:zə]
cólera (f)	Cholera (f)	['ko:leʀa]
peste (f)	Pest (f)	[pɛst]

48. Simtomas. Tratamentos. Parte 1

sintoma (m)	Symptom (n)	[zʏmp'to:m]
temperatura (f)	Temperatur (f)	[tɛmpəʀa'tu:ɐ]
febre (f)	Fieber (n)	['fi:bɐ]
pulso (m)	Puls (m)	[pʊls]

vertigem (f)	Schwindel (m)	['ʃvɪndəl]
quente (testa, etc.)	heiß	[haɪs]
calafrio (m)	Schüttelfrost (m)	['ʃytəl‚fʀɔst]
pálido	blass	[blas]

tosse (f)	Husten (m)	['hu:stən]
tossir (vi)	husten (vi)	['hu:stən]
espirrar (vi)	niesen (vi)	['ni:zən]
desmaio (m)	Ohnmacht (f)	['o:n‚maχt]
desmaiar (vi)	ohnmächtig werden	['o:n‚mɛçtɪç 've:ɐdən]

nódoa (f) negra	blauer Fleck (m)	['blaʊɐ flɛk]
galo (m)	Beule (f)	['bɔɪlə]
magoar-se (vr)	sich stoßen	[zɪç 'ʃtoːsən]
pisadura (f)	Prellung (f)	['pʀɛlʊŋ]
aleijar-se (vr)	sich stoßen	[zɪç 'ʃtoːsən]

coxear (vi)	hinken (vi)	['hɪŋkən]
deslocação (f)	Verrenkung (f)	[fɛɐ'ʀɛnkʊŋ]
deslocar (vt)	ausrenken (vt)	['aʊsˌʀɛŋkən]
fratura (f)	Fraktur (f)	[fʀak'tuːɐ]
fraturar (vt)	brechen (vt)	['bʀɛçən]

corte (m)	Schnittwunde (f)	['ʃnɪtˌvʊndə]
cortar-se (vr)	sich schneiden	[zɪç 'ʃnaɪdən]
hemorragia (f)	Blutung (f)	['bluːtʊŋ]

| queimadura (f) | Verbrennung (f) | [fɛɐ'bʀɛnʊŋ] |
| queimar-se (vr) | sich verbrennen | [zɪç fɛɐ'bʀɛnən] |

picar (vt)	stechen (vt)	['ʃtɛçən]
picar-se (vr)	sich stechen	[zɪç 'ʃtɛçən]
lesionar (vt)	verletzen (vt)	[fɛɐ'lɛtsən]
lesão (m)	Verletzung (f)	[fɛɐ'lɛtsʊŋ]
ferida (f), ferimento (m)	Wunde (f)	['vʊndə]
trauma (m)	Trauma (n)	['tʀaʊma]

delirar (vi)	irrereden (vi)	['ɪʀəˌʀeːdən]
gaguejar (vi)	stottern (vi)	['ʃtɔtən]
insolação (f)	Sonnenstich (m)	['zɔnənˌʃtɪç]

49. Simtomas. Tratamentos. Parte 2

| dor (f) | Schmerz (m) | [ʃmɛʁts] |
| farpa (no dedo) | Splitter (m) | ['ʃplɪtə] |

suor (m)	Schweiß (m)	[ʃvaɪs]
suar (vi)	schwitzen (vi)	['ʃvɪtsən]
vómito (m)	Erbrechen (n)	[ɛɐ'bʀɛçən]
convulsões (f pl)	Krämpfe (pl)	['kʀɛmpfə]

grávida	schwanger	['ʃvaŋə]
nascer (vi)	geboren sein	[gə'boːʀən zaɪn]
parto (m)	Geburt (f)	[gə'buːɐt]
dar à luz	gebären (vt)	[gə'bɛːʀən]
aborto (m)	Abtreibung (f)	['apˌtʀaɪbʊŋ]

respiração (f)	Atem (m)	['aːtəm]
inspiração (f)	Atemzug (m)	['aːtəmˌtsuːk]
expiração (f)	Ausatmung (f)	['aʊsʔaːtmʊŋ]
expirar (vi)	ausatmen (vt)	['aʊsˌʔaːtmən]
inspirar (vi)	einatmen (vt)	['aɪnˌʔaːtmən]

| inválido (m) | Invalide (m) | [ɪnva'liːdə] |
| aleijado (m) | Krüppel (m) | ['kʀʏpəl] |

toxicodependente (m)	Drogenabhängiger (m)	['dʀo:gən͵ʔaphɛŋɪgɐ]
surdo	taub	[taʊp]
mudo	stumm	[ʃtʊm]
surdo-mudo	taubstumm	['taʊpʃtʊm]

louco (adj.)	verrückt	[fɛɐ'ʀʏkt]
louco (m)	Irre (m)	['ɪʀə]
louca (f)	Irre (f)	['ɪʀə]
ficar louco	den Verstand verlieren	[den fɛɐ'ʃtant fɛɐ'li:ʀən]

gene (m)	Gen (n)	[ge:n]
imunidade (f)	Immunität (f)	[ɪmuni'tɛ:t]
hereditário	erblich	['ɛʀplɪç]
congénito	angeboren	['angə͵bo:ʀən]

vírus (m)	Virus (m, n)	['vi:ʀʊs]
micróbio (m)	Mikrobe (f)	[mi'kʀo:bə]
bactéria (f)	Bakterie (f)	[bak'te:ʀɪə]
infeção (f)	Infektion (f)	[ɪnfɛk'tsjo:n]

50. Simtomas. Tratamentos. Parte 3

| hospital (m) | Krankenhaus (n) | ['kʀaŋkən͵haʊs] |
| paciente (m) | Patient (m) | [pa'tsɪɛnt] |

diagnóstico (m)	Diagnose (f)	[dia'gno:zə]
cura (f)	Heilung (f)	['haɪlʊŋ]
tratamento (m) médico	Behandlung (f)	[bə'handlʊŋ]
curar-se (vr)	Behandlung bekommen	[bə'handlʊŋ bə'kɔmən]
tratar (vt)	behandeln (vt)	[bə'handəln]
cuidar (pessoa)	pflegen (vt)	['pfle:gən]
cuidados (m pl)	Pflege (f)	['pfle:gə]

operação (f)	Operation (f)	[opəʀa'tsjo:n]
enfaixar (vt)	verbinden (vt)	[fɛɐ'bɪndən]
ligadura (f)	Verband (m)	[fɛɐ'bant]

vacinação (f)	Impfung (f)	['ɪmpfʊŋ]
vacinar (vt)	impfen (vt)	['ɪmpfən]
injeção (f)	Spritze (f)	['ʃpʀɪtsə]
dar uma injeção	eine Spritze geben	['aɪnə 'ʃpʀɪtsə 'ge:bən]

ataque (~ de asma, etc.)	Anfall (m)	['an͵fal]
amputação (f)	Amputation (f)	[amputa'tsjo:n]
amputar (vt)	amputieren (vt)	[ampu'ti:ʀən]
coma (f)	Koma (n)	['ko:ma]
estar em coma	im Koma liegen	[ɪm 'ko:ma 'li:gən]
reanimação (f)	Reanimation (f)	[ʀeʔanima'tsjo:n]

recuperar-se (vr)	genesen von ...	[gə'ne:zən fɔn]
estado (~ de saúde)	Zustand (m)	['tsu:ʃtant]
consciência (f)	Bewusstsein (n)	[bə'vʊstzaɪn]
memória (f)	Gedächtnis (n)	[gə'dɛçtnɪs]
tirar (vt)	ziehen (vt)	['tsi:ən]

| chumbo (m), obturação (f) | Plombe (f) | ['plɔmbə] |
| chumbar, obturar (vt) | plombieren (vt) | [plɔm'bi:ʀən] |

| hipnose (f) | Hypnose (f) | [hʏp'no:zə] |
| hipnotizar (vt) | hypnotisieren (vt) | [hʏpnoti'zi:ʀən] |

51. Médicos

médico (m)	Arzt (m)	[aʁtst]
enfermeira (f)	Krankenschwester (f)	[kʀaŋkənʃvɛstə]
médico (m) pessoal	Privatarzt (m)	[pʀi'va:t͜ʔaʁtst]

dentista (m)	Zahnarzt (m)	['tsa:n͜ʔaʁtst]
oculista (m)	Augenarzt (m)	['augən͜ʔaʁtst]
terapeuta (m)	Internist (m)	[ɪntɛ'nɪst]
cirurgião (m)	Chirurg (m)	[çi'ʀuʁk]

psiquiatra (m)	Psychiater (m)	[psy'çɪa:tɐ]
pediatra (m)	Kinderarzt (m)	['kɪndɐ͜ʔaʁtst]
psicólogo (m)	Psychologe (m)	[psyço'lo:gə]
ginecologista (m)	Frauenarzt (m)	['fʀauən͜ʔaʁtst]
cardiologista (m)	Kardiologe (m)	[kaʁdɪo'lo:gə]

52. Medicina. Drogas. Acessórios

medicamento (m)	Arznei (f)	[aʁts'naɪ]
remédio (m)	Heilmittel (n)	['haɪl͜mɪtəl]
receitar (vt)	verschreiben (vt)	[fɛɐ'ʃʀaɪbən]
receita (f)	Rezept (n)	[ʀe'tsɛpt]

comprimido (m)	Tablette (f)	[tab'letə]
pomada (f)	Salbe (f)	['zalbə]
ampola (f)	Ampulle (f)	[am'puɭə]
preparado (m)	Mixtur (f)	[mɪks'tu:ɐ]
xarope (m)	Sirup (m)	['zi:ʀup]
cápsula (f)	Pille (f)	['pɪlə]
remédio (m) em pó	Pulver (n)	['pulfɐ]

ligadura (f)	Verband (m)	[fɛɐ'bant]
algodão (m)	Watte (f)	['vatə]
iodo (m)	Jod (n)	[jo:t]

penso (m) rápido	Pflaster (n)	['pflastɐ]
conta-gotas (f)	Pipette (f)	[pi'pɛtə]
termómetro (m)	Thermometer (n)	[tɛʁmo'me:tɐ]
seringa (f)	Spritze (f)	['ʃpʀɪtsə]

| cadeira (f) de rodas | Rollstuhl (m) | ['ʀɔlʃtu:l] |
| muletas (f pl) | Krücken (pl) | ['kʀʏkən] |

| analgésico (m) | Betäubungsmittel (n) | [bə'tɔɪbuŋs͜mɪtəl] |
| laxante (m) | Abführmittel (n) | ['apfy:ɐ͜mɪtəl] |

álcool (m) etílico	**Spiritus** (m)	['spi:ʀɪtʊs]
ervas (f pl) medicinais	**Heilkraut** (n)	['haɪl‚kʀaʊt]
de ervas (chá ~)	**Kräuter-**	['kʀɔɪtə]

HABITAT HUMANO

Cidade

53. Cidade. Vida na cidade

cidade (f)	Stadt (f)	[ʃtat]
capital (f)	Hauptstadt (f)	['haʊptˌʃtat]
aldeia (f)	Dorf (n)	[dɔʁf]
mapa (m) da cidade	Stadtplan (m)	['ʃtatˌplaːn]
centro (m) da cidade	Stadtzentrum (n)	['ʃtatˌtsɛntʀʊm]
subúrbio (m)	Vorort (m)	['foːɐˌʔɔʁt]
suburbano	Vorort-	['foːɐˌʔɔʁt]
periferia (f)	Stadtrand (m)	['ʃtatˌʀant]
arredores (m pl)	Umgebung (f)	[ʊm'geːbʊŋ]
quarteirão (m)	Stadtviertel (n)	['ʃtatˌfɪʁtəl]
quarteirão (m) residencial	Wohnblock (m)	['voːnˌblɔk]
tráfego (m)	Straßenverkehr (m)	['ʃtʀaːsənˌfɛɐˌkeːɐ]
semáforo (m)	Ampel (f)	['ampəl]
transporte (m) público	Stadtverkehr (m)	['ʃtatˌfɛɐ'keːɐ]
cruzamento (m)	Straßenkreuzung (f)	['ʃtʀaːsənˌkʀɔɪtsʊŋ]
passadeira (f)	Übergang (m)	['yːbɐˌgaŋ]
passagem (f) subterrânea	Fußgängerunterführung (f)	['fuːsˌgɛŋɐ·ʊntɐ'fyːʀʊŋ]
cruzar, atravessar (vt)	überqueren (vt)	[yːbɐ'kveːʀən]
peão (m)	Fußgänger (m)	['fuːsˌgɛŋɐ]
passeio (m)	Gehweg (m)	['geːˌveːk]
ponte (f)	Brücke (f)	['bʀʏkə]
margem (f) do rio	Kai (m)	[kaɪ]
fonte (f)	Springbrunnen (m)	['ʃpʀɪŋˌbʀʊnən]
alameda (f)	Allee (f)	[a'leː]
parque (m)	Park (m)	[paʁk]
bulevar (m)	Boulevard (m)	[bulə'vaːɐ]
praça (f)	Platz (m)	[plats]
avenida (f)	Avenue (f)	[avə'nyː]
rua (f)	Straße (f)	['ʃtʀaːsə]
travessa (f)	Gasse (f)	['gasə]
beco (m) sem saída	Sackgasse (f)	['zakˌgasə]
casa (f)	Haus (n)	[haʊs]
edifício, prédio (m)	Gebäude (n)	[gə'bɔɪdə]
arranha-céus (m)	Wolkenkratzer (m)	['vɔlkənˌkʀatsɐ]
fachada (f)	Fassade (f)	[fa'saːdə]
telhado (m)	Dach (n)	[daχ]

janela (f)	Fenster (n)	['fɛnstɐ]
arco (m)	Bogen (m)	['boːgən]
coluna (f)	Säule (f)	['zɔɪlə]
esquina (f)	Ecke (f)	['ɛkə]

montra (f)	Schaufenster (n)	['ʃaʊ̯ˌfɛnstɐ]
letreiro (m)	Firmenschild (n)	['fɪʁmənˌʃɪlt]
cartaz (m)	Anschlag (m)	['anˌʃlaːk]
cartaz (m) publicitário	Werbeposter (m)	['vɛʁbəˌpoːstɐ]
painel (m) publicitário	Werbeschild (n)	['vɛʁbəˌʃɪlt]

lixo (m)	Müll (m)	[mʏl]
cesta (f) do lixo	Mülleimer (m)	['mʏlˌʔaɪmɐ]
jogar lixo na rua	Abfall wegwerfen	['apfal 'vɛkˌvɛʁfən]
aterro (m) sanitário	Mülldeponie (f)	['mʏl·depoˌniː]

cabine (f) telefónica	Telefonzelle (f)	[teleˈfoːnˌtsɛlə]
candeeiro (m) de rua	Straßenlaterne (f)	['ʃtʁaːsən·laˌtɛʁnə]
banco (m)	Bank (f)	[baŋk]

polícia (m)	Polizist (m)	[poliˈtsɪst]
polícia (instituição)	Polizei (f)	[ˌpoliˈtsaɪ]
mendigo (m)	Bettler (m)	['bɛtlɐ]
sem-abrigo (m)	Obdachlose (m)	['ɔpdaχˌloːzə]

54. Instituições urbanas

loja (f)	Laden (m)	['laːdən]
farmácia (f)	Apotheke (f)	[apoˈteːkə]
ótica (f)	Optik (f)	['ɔptɪk]
centro (m) comercial	Einkaufszentrum (n)	['aɪnkaʊfsˌtsɛntʁʊm]
supermercado (m)	Supermarkt (m)	['zuːpɐˌmaʁkt]

padaria (f)	Bäckerei (f)	[ˌbɛkəˈʁaɪ]
padeiro (m)	Bäcker (m)	['bɛkɐ]
pastelaria (f)	Konditorei (f)	[ˌkɔnditoˈʁaɪ]
mercearia (f)	Lebensmittelladen (m)	['leːbənsˌmɪtəl·laːdən]
talho (m)	Metzgerei (f)	[mɛtsgəˈʁaɪ]

| loja (f) de legumes | Gemüseladen (m) | [gəˈmyːzəˌlaːdən] |
| mercado (m) | Markt (m) | [maʁkt] |

café (m)	Kaffeehaus (n)	[kaˈfeːˌhaʊs]
restaurante (m)	Restaurant (n)	[ʁɛstoˈʁaŋ]
bar (m), cervejaria (f)	Bierstube (f)	['biːɐˌʃtuːbə]
pizzaria (f)	Pizzeria (f)	[pɪtseˈʁiːa]

salão (m) de cabeleireiro	Friseursalon (m)	[fʁiˈzøːɐ·zaˌlɔŋ]
correios (m pl)	Post (f)	[pɔst]
lavandaria (f)	chemische Reinigung (f)	[çeˈmiʃə 'ʁaɪnɪgʊŋ]
estúdio (m) fotográfico	Fotostudio (n)	['fotoˌʃtuːdɪo]

| sapataria (f) | Schuhgeschäft (n) | ['ʃuːgəˌʃɛft] |
| livraria (f) | Buchhandlung (f) | ['buːχˌhandlʊŋ] |

loja (f) de artigos de desporto	Sportgeschäft (n)	[ˈʃpɔʁt·gəˈʃɛft]
reparação (f) de roupa	Kleiderreparatur (f)	[ˈklaɪdə‚ʁepaʁaˈtu:ɐ]
aluguer (m) de roupa	Bekleidungsverleih (m)	[bəˈklaɪdʊŋs·fɛɐˈlaɪ]
aluguer (m) de filmes	Videothek (f)	[videoˈte:k]
circo (m)	Zirkus (m)	[ˈtsɪʁkʊs]
jardim (m) zoológico	Zoo (m)	[ˈtso:]
cinema (m)	Kino (n)	[ˈki:no]
museu (m)	Museum (n)	[muˈze:ʊm]
biblioteca (f)	Bibliothek (f)	[biblioˈte:k]
teatro (m)	Theater (n)	[teˈa:tɐ]
ópera (f)	Opernhaus (n)	[ˈo:pɐnˌhaʊs]
clube (m) noturno	Nachtklub (m)	[ˈnaxtˌklʊp]
casino (m)	Kasino (n)	[kaˈzi:no]
mesquita (f)	Moschee (f)	[mɔˈʃe:]
sinagoga (f)	Synagoge (f)	[zynaˈgo:gə]
catedral (f)	Kathedrale (f)	[kateˈdʁa:lə]
templo (m)	Tempel (m)	[ˈtɛmpəl]
igreja (f)	Kirche (f)	[ˈkɪʁçə]
instituto (m)	Institut (n)	[ɪnstiˈtu:t]
universidade (f)	Universität (f)	[univɛʁziˈtɛ:t]
escola (f)	Schule (f)	[ˈʃu:lə]
prefeitura (f)	Präfektur (f)	[pʁɛfɛkˈtu:ɐ]
câmara (f) municipal	Rathaus (n)	[ˈʁa:tˌhaʊs]
hotel (m)	Hotel (n)	[hoˈtɛl]
banco (m)	Bank (f)	[baŋk]
embaixada (f)	Botschaft (f)	[ˈbo:tʃaft]
agência (f) de viagens	Reisebüro (n)	[ˈʁaɪzə·byˌʁo:]
agência (f) de informações	Informationsbüro (n)	[ɪnfɔʁmaˈtsjo:ns·byˌʁo:]
casa (f) de câmbio	Wechselstube (f)	[ˈvɛksəlˌʃtu:bə]
metro (m)	U-Bahn (f)	[ˈu:ba:n]
hospital (m)	Krankenhaus (n)	[ˈkʁaŋkənˌhaʊs]
posto (m) de gasolina	Tankstelle (f)	[ˈtaŋkʃtɛlə]
parque (m) de estacionamento	Parkplatz (m)	[ˈpaʁkˌplats]

55. Sinais

letreiro (m)	Firmenschild (n)	[ˈfɪʁmənˌʃɪlt]
inscrição (f)	Aufschrift (f)	[ˈaʊfˌʃʁɪft]
cartaz, póster (m)	Plakat (n)	[plaˈka:t]
sinal (m) informativo	Wegweiser (m)	[ˈvɛkˌvaɪzɐ]
seta (f)	Pfeil (m)	[pfaɪl]
aviso (advertência)	Vorsicht (f)	[ˈfo:ɐˌzɪçt]
sinal (m) de aviso	Warnung (f)	[ˈvaʁnʊŋ]
avisar, advertir (vt)	warnen (vt)	[ˈvaʁnən]
dia (m) de folga	freier Tag (m)	[ˈfʁaɪɐ ta:k]

| horário (m) | Fahrplan (m) | ['fa:ɐˌplaːn] |
| horário (m) de funcionamento | Öffnungszeiten (pl) | ['œfnʊŋsˌtsaɪtən] |

BEM-VINDOS!	HERZLICH WILLKOMMEN!	['hɛʁtslɪç vɪl'kɔmən]
ENTRADA	EINGANG	['aɪnˌgaŋ]
SAÍDA	AUSGANG	['aʊsˌgaŋ]

EMPURRE	DRÜCKEN	['dʀʏkən]
PUXE	ZIEHEN	['tsiːən]
ABERTO	GEÖFFNET	[gə'ʔœfnət]
FECHADO	GESCHLOSSEN	[gə'ʃlɔsən]

| MULHER | DAMEN, FRAUEN | ['daːmən], ['fʀaʊən] |
| HOMEM | HERREN, MÄNNER | ['hɛʀən], ['mɛnɐ] |

DESCONTOS	AUSVERKAUF	['aʊsfɛɐˌkaʊf]
SALDOS	REDUZIERT	[ʀedu'tsiːɐt]
NOVIDADE!	NEU!	[nɔɪ]
GRÁTIS	GRATIS	['gʀaːtɪs]

ATENÇÃO!	ACHTUNG!	['aχtʊŋ]
NÃO HÁ VAGAS	ZIMMER BELEGT	['tsɪmɐ bə'leːkt]
RESERVADO	RESERVIERT	[ʀezɛɐ'viːɐt]

ADMINISTRAÇÃO	VERWALTUNG	[fɛɐ'valtʊŋ]
SOMENTE PESSOAL	NUR FÜR PERSONAL	[nuːɐ fyːɐ pɛʀzo'naːl]
AUTORIZADO		

| CUIDADO CÃO FEROZ | VORSICHT BISSIGER HUND | ['foːɐˌzɪçt 'bɪsɪgɐ hʊnt] |

| PROIBIDO FUMAR! | RAUCHEN VERBOTEN! | ['ʀaʊχən fɛɐ'boːtən] |
| NÃO TOCAR | BITTE NICHT BERÜHREN | ['bɪtə nɪçt bə'ʀyːʀən] |

PERIGOSO	GEFÄHRLICH	[gə'fɛːɐlɪç]
PERIGO	VORSICHT!	['foːɐˌzɪçt]
ALTA TENSÃO	HOCHSPANNUNG	['hoːχˌʃpanʊŋ]
PROIBIDO NADAR	BADEN VERBOTEN	['baːdən fɛɐ'boːtən]
AVARIADO	AUßER BETRIEB	[ˌaʊsɐ bə'tʀiːp]

INFLAMÁVEL	LEICHTENTZÜNDLICH	['laɪçtʔɛn'tsʏntlɪç]
PROIBIDO	VERBOTEN	[fɛɐ'boːtən]
ENTRADA PROIBIDA	DURCHGANG VERBOTEN	['dʊʁçˌgaŋ fɛɐ'boːtən]
CUIDADO TINTA FRESCA	FRISCH GESTRICHEN	[fʀɪʃ gə'ʃtʀɪçən]

56. Transportes urbanos

autocarro (m)	Bus (m)	[bʊs]
elétrico (m)	Straßenbahn (f)	['ʃtʀaːsənˌbaːn]
troleicarro (m)	Obus (m)	['oːbʊs]
itinerário (m)	Linie (f)	['liːniə]
número (m)	Nummer (f)	['nʊmɐ]

| ir de ... (carro, etc.) | mit ... fahren | [mɪt ... 'faːʀən] |
| entrar (~ no autocarro) | einsteigen (vi) | ['aɪnˌʃtaɪgən] |

descer de ...	aussteigen (vi)	['aʊsˌʃtaɪɡən]
paragem (f)	Haltestelle (f)	['haltəˌʃtɛlə]
próxima paragem (f)	nächste Haltestelle (f)	['nɛːçstə 'haltəˌʃtɛlə]
ponto (m) final	Endhaltestelle (f)	['ɛntˌhaltəʃtɛlə]
horário (m)	Fahrplan (m)	['faːɐˌplaːn]
esperar (vt)	warten (vi, vt)	['vaʁtən]

| bilhete (m) | Fahrkarte (f) | ['faːɐˌkaʁtə] |
| custo (m) do bilhete | Fahrpreis (m) | ['faːɐˌpʀaɪs] |

bilheteiro (m)	Kassierer (m)	[ka'siːʀɐ]
controlo (m) dos bilhetes	Fahrkartenkontrolle (f)	['faːɐˌkaʁtən·kɔn'tʀɔlə]
revisor (m)	Kontrolleur (m)	[kɔntʀɔ'løːɐ]

atrasar-se (vr)	sich verspäten	[zɪç fɛɐ'ʃpɛːtən]
perder (o autocarro, etc.)	versäumen (vt)	[fɛɐ'zɔɪmən]
estar com pressa	sich beeilen	[zɪç bə'ʔaɪlən]

táxi (m)	Taxi (n)	['taksi]
taxista (m)	Taxifahrer (m)	['taksiˌfaːʀɐ]
de táxi (ir ~)	mit dem Taxi	[mɪt dem 'taksi]
praça (f) de táxis	Taxistand (m)	['taksiˌʃtant]
chamar um táxi	ein Taxi rufen	[aɪn 'taksi 'ʀuːfən]
apanhar um táxi	ein Taxi nehmen	[aɪn 'taksi 'neːmən]

tráfego (m)	Straßenverkehr (m)	['ʃtʀaːsən·fɛɐˌkeːɐ]
engarrafamento (m)	Stau (m)	[ʃtaʊ]
horas (f pl) de ponta	Hauptverkehrszeit (f)	['haʊpt·fɛɐ'keːɐsˌtsaɪt]
estacionar (vi)	parken (vi)	['paʁkən]
estacionar (vt)	parken (vt)	['paʁkən]
parque (m) de estacionamento	Parkplatz (m)	['paʁkˌplats]

metro (m)	U-Bahn (f)	['uːbaːn]
estação (f)	Station (f)	[ʃta'tsjoːn]
ir de metro	mit der U-Bahn fahren	[mɪt deːɐ 'uːbaːn 'faːʀən]
comboio (m)	Zug (m)	[tsuːk]
estação (f)	Bahnhof (m)	['baːnˌhoːf]

57. Turismo

monumento (m)	Denkmal (n)	['dɛŋkˌmaːl]
fortaleza (f)	Festung (f)	['fɛstʊŋ]
palácio (m)	Palast (m)	[pa'last]
castelo (m)	Schloss (n)	[ʃlɔs]
torre (f)	Turm (m)	[tʊʁm]
mausoléu (m)	Mausoleum (n)	[ˌmaʊzo'leːʊm]

arquitetura (f)	Architektur (f)	[aʁçitɛk'tuːɐ]
medieval	mittelalterlich	['mɪtəlˌʔaltəlɪç]
antigo	alt	[alt]
nacional	national	[natsjo'naːl]
conhecido	berühmt	[bə'ʀyːmt]
turista (m)	Tourist (m)	[tu'ʀɪst]
guia (pessoa)	Fremdenführer (m)	['fʀɛmdənˌfyːʀɐ]

excursão (f)	**Ausflug** (m)	['aʊsˌfluːk]
mostrar (vt)	**zeigen** (vt)	['tsaɪgən]
contar (vt)	**erzählen** (vt)	[ɛɐ'tsɛːlən]

encontrar (vt)	**finden** (vt)	['fɪndən]
perder-se (vr)	**sich verlieren**	[zɪç fɛɐ'liːbən]
mapa (~ do metrô)	**Karte** (f)	['kaʁtə]
mapa (~ da cidade)	**Karte** (f)	['kaʁtə]

lembrança (f), presente (m)	**Souvenir** (n)	[zuvəˌniːɐ]
loja (f) de presentes	**Souvenirladen** (m)	[zuvəˌniːɐ'laːdən]
fotografar (vt)	**fotografieren** (vt)	[fotogʁa'fiːʁən]
fotografar-se	**sich fotografieren**	[zɪç fotogʁa'fiːʁən]

58. Compras

comprar (vt)	**kaufen** (vt)	['kaʊfən]
compra (f)	**Einkauf** (m)	['aɪnˌkaʊf]
fazer compras	**einkaufen gehen**	['aɪnˌkaʊfən 'geːən]
compras (f pl)	**Einkaufen** (n)	['aɪnˌkaʊfən]

estar aberta (loja, etc.)	**offen sein**	['ɔfən zaɪn]
estar fechada	**zu sein**	[tsu zaɪn]

calçado (m)	**Schuhe** (pl)	['ʃuːə]
roupa (f)	**Kleidung** (f)	['klaɪdʊŋ]
cosméticos (m pl)	**Kosmetik** (f)	[kɔs'meːtɪk]
alimentos (m pl)	**Lebensmittel** (pl)	['leːbənsˌmɪtəl]
presente (m)	**Geschenk** (n)	[gə'ʃɛŋk]

vendedor (m)	**Verkäufer** (m)	[fɛɐ'kɔɪfɐ]
vendedora (f)	**Verkäuferin** (f)	[fɛɐ'kɔɪfəʁɪn]

caixa (f)	**Kasse** (f)	['kasə]
espelho (m)	**Spiegel** (m)	['ʃpiːgəl]
balcão (m)	**Ladentisch** (m)	['laːdənˌtɪʃ]
cabine (f) de provas	**Umkleidekabine** (f)	['ʊmklaɪdəˌkaˌbiːnə]

provar (vt)	**anprobieren** (vt)	['anpʁoˌbiːʁən]
servir (vi)	**passen** (vi)	['pasən]
gostar (apreciar)	**gefallen** (vi)	[gə'falən]

preço (m)	**Preis** (m)	[pʁaɪs]
etiqueta (f) de preço	**Preisschild** (n)	['pʁaɪsˌʃɪlt]
custar (vt)	**kosten** (vt)	['kɔstən]
Quanto?	**Wie viel?**	['viː fiːl]
desconto (m)	**Rabatt** (m)	[ʁa'bat]

não caro	**preiswert**	['pʁaɪsˌveːɐt]
barato	**billig**	['bɪlɪç]
caro	**teuer**	['tɔɪɐ]
É caro	**Das ist teuer**	[das is 'tɔɪɐ]
aluguer (m)	**Verleih** (m)	[fɛɐ'laɪ]
alugar (vestidos, etc.)	**ausleihen** (vt)	['aʊsˌlaɪən]

| crédito (m) | Kredit (m), Darlehen (n) | [kʀe'diːt], ['daʀˌleːən] |
| a crédito | auf Kredit | [aʊf kʀe'diːt] |

59. Dinheiro

dinheiro (m)	Geld (n)	[gɛlt]
câmbio (m)	Austausch (m)	['aʊsˌtaʊʃ]
taxa (f) de câmbio	Kurs (m)	[kʊʀs]
Caixa Multibanco (m)	Geldautomat (m)	['gɛlt?aʊtoˌmaːt]
moeda (f)	Münze (f)	['mʏntsə]

| dólar (m) | Dollar (m) | ['dɔlaʀ] |
| euro (m) | Euro (m) | ['ɔɪʀo] |

lira (f)	Lira (f)	['liːʀa]
marco (m)	Mark (f)	[maʀk]
franco (m)	Franken (m)	['fʀaŋkən]
libra (f) esterlina	Pfund Sterling (n)	[pfʊnt 'ʃtɛʀlɪŋ]
iene (m)	Yen (m)	[jɛn]

dívida (f)	Schulden (pl)	['ʃʊldən]
devedor (m)	Schuldner (m)	['ʃʊldnɐ]
emprestar (vt)	leihen (vt)	['laɪən]
pedir emprestado	ausleihen (vt)	['aʊsˌlaɪən]

banco (m)	Bank (f)	[baŋk]
conta (f)	Konto (n)	['kɔnto]
depositar (vt)	einzahlen (vt)	['aɪnˌtsaːlən]
depositar na conta	auf ein Konto einzahlen	[aʊf aɪn 'kɔnto 'aɪnˌtsaːlən]
levantar (vt)	abheben (vt)	['apˌheːbən]

cartão (m) de crédito	Kreditkarte (f)	[kʀe'diːtˌkaʀtə]
dinheiro (m) vivo	Bargeld (n)	['baːɐˌgɛlt]
cheque (m)	Scheck (m)	[ʃɛk]
passar um cheque	einen Scheck schreiben	['aɪnən ʃɛk 'ʃʀaɪbn]
livro (m) de cheques	Scheckbuch (n)	['ʃɛkˌbuːχ]

carteira (f)	Geldtasche (f)	['gɛltˌtaʃə]
porta-moedas (m)	Geldbeutel (m)	['gɛltˌbɔɪtəl]
cofre (m)	Safe (m)	[sɛɪf]

herdeiro (m)	Erbe (m)	['ɛʀbə]
herança (f)	Erbschaft (f)	['ɛʀpʃaft]
fortuna (riqueza)	Vermögen (n)	[fɛɐ'møːgən]

arrendamento (m)	Pacht (f)	[paχt]
renda (f) de casa	Miete (f)	['miːtə]
alugar (vt)	mieten (vt)	['miːtən]

preço (m)	Preis (m)	[pʀaɪs]
custo (m)	Kosten (pl)	['kɔstən]
soma (f)	Summe (f)	['zʊmə]
gastar (vt)	ausgeben (vt)	['aʊsˌgeːbən]
gastos (m pl)	Ausgaben (pl)	['aʊsˌgaːbən]

| economizar (vi) | sparen (vt) | ['ʃpaːʀən] |
| económico | sparsam | ['ʃpaːɐzaːm] |

pagar (vt)	zahlen (vt)	['tsaːlən]
pagamento (m)	Lohn (m)	[loːn]
troco (m)	Wechselgeld (n)	['vɛksəlˌgɛlt]

imposto (m)	Steuer (f)	['ʃtɔɪɐ]
multa (f)	Geldstrafe (f)	['gɛltʃtʀaːfə]
multar (vt)	bestrafen (vt)	[bə'ʃtʀaːfən]

60. Correios. Serviço postal

correios (m pl)	Post (f)	[pɔst]
correio (m)	Post (f)	[pɔst]
carteiro (m)	Briefträger (m)	['bʀiːfˌtʀɛːgɐ]
horário (m)	Öffnungszeiten (pl)	['œfnʊŋsˌtsaɪtən]

carta (f)	Brief (m)	[bʀiːf]
carta (f) registada	Einschreibebrief (m)	['aɪnʃʀaɪbəˌbʀiːf]
postal (m)	Postkarte (f)	['pɔstˌkaʁtə]
telegrama (m)	Telegramm (n)	[tele'gʀam]
encomenda (f) postal	Postpaket (n)	['pɔst·pa'keːt]
remessa (f) de dinheiro	Geldanweisung (f)	['gɛltˌanvaɪzʊŋ]

receber (vt)	bekommen (vt)	[bə'kɔmən]
enviar (vt)	abschicken (vt)	['apˌʃɪkən]
envio (m)	Absendung (f)	['apˌzɛndʊŋ]

endereço (m)	Postanschrift (f)	['pɔstˌanʃʀɪft]
código (m) postal	Postleitzahl (f)	['pɔstlaɪtˌtsaːl]
remetente (m)	Absender (m)	['apˌzɛndɐ]
destinatário (m)	Empfänger (m)	[ɛm'pfɛŋɐ]

| nome (m) | Vorname (m) | ['foːɐˌnaːmə] |
| apelido (m) | Nachname (m) | ['naːχˌnaːmə] |

tarifa (f)	Tarif (m)	[ta'ʀiːf]
normal	Standard-	['standaʁt]
económico	Spar-	['ʃpaːɐ]

peso (m)	Gewicht (n)	[gə'vɪçt]
pesar (estabelecer o peso)	abwiegen (vt)	['apˌviːgən]
envelope (m)	Briefumschlag (m)	['bʀiːfʔʊmˌʃlaːk]
selo (m)	Briefmarke (f)	['bʀiːfˌmaʁkə]
colar o selo	Briefmarke aufkleben	['bʀiːfˌmaʁkə 'aʊfˌkleːbən]

Moradia. Casa. Lar

61. Casa. Eletricidade

eletricidade (f)	Elektrizität (f)	[elɛktʀitsi'tɛ:t]
lâmpada (f)	Glühbirne (f)	['gly:ˌbɪʁnə]
interruptor (m)	Schalter (m)	['ʃaltɐ]
fusível (m)	Sicherung (f)	['zɪçəʀʊŋ]
fio, cabo (m)	Draht (m)	[dʀa:t]
instalação (f) elétrica	Leitung (f)	['laɪtʊŋ]
contador (m) de eletricidade	Stromzähler (m)	['ʃtʀo:mˌtsɛ:lɐ]
leitura (f)	Zählerstand (m)	['tsɛ:lɐʃtant]

62. Moradia. Mansão

casa (f) de campo	Landhaus (n)	['lantˌhaʊs]
vila (f)	Villa (f)	['vɪla]
ala (~ do edifício)	Flügel (m)	['fly:gəl]
jardim (m)	Garten (m)	['gaʁtən]
parque (m)	Park (m)	[paʁk]
estufa (f)	Orangerie (f)	[oʀaŋʒə'ʀi:]
cuidar de …	pflegen (vt)	['pfle:gən]
piscina (f)	Schwimmbad (n)	['ʃvɪmba:t]
ginásio (m)	Kraftraum (m)	['kʀaftˌʀaʊm]
campo (m) de ténis	Tennisplatz (m)	['tɛnɪsˌplats]
cinema (m)	Heimkinoraum (m)	['haɪmki:noˌʀaʊm]
garagem (f)	Garage (f)	[ga'ʀa:ʒə]
propriedade (f) privada	Privateigentum (n)	[pʀi'va:tˌʔaɪgəntu:m]
terreno (m) privado	Privatgrundstück (n)	[pʀi'va:tˌgʀʊntʃtʏk]
advertência (f)	Warnung (f)	['vaʁnʊŋ]
sinal (m) de aviso	Warnschild (n)	['vaʁnʃɪlt]
guarda (f)	Bewachung (f)	[bə'vaχʊŋ]
guarda (m)	Wächter (m)	['vɛçtɐ]
alarme (m)	Alarmanlage (f)	[a'laʁm·anˌla:gə]

63. Apartamento

apartamento (m)	Wohnung (f)	['vo:nʊŋ]
quarto (m)	Zimmer (n)	['tsɪmɐ]
quarto (m) de dormir	Schlafzimmer (n)	['ʃla:fˌtsɪmɐ]

sala (f) de jantar	Esszimmer (n)	['ɛs͵tsɪmɐ]
sala (f) de estar	Wohnzimmer (n)	['vo:n͵tsɪmɐ]
escritório (m)	Arbeitszimmer (n)	['aʁbaɪts͵tsɪmɐ]

antessala (f)	Vorzimmer (n)	['fo:ɐ͵tsɪmɐ]
quarto (m) de banho	Badezimmer (n)	['ba:də͵tsɪmɐ]
toilette (lavabo)	Toilette (f)	[toa'lɛtə]

teto (m)	Decke (f)	['dɛkə]
chão, soalho (m)	Fußboden (m)	['fu:s͵bo:dən]
canto (m)	Ecke (f)	['ɛkə]

64. Mobiliário. Interior

mobiliário (m)	Möbel (n)	['mø:bəl]
mesa (f)	Tisch (m)	[tɪʃ]
cadeira (f)	Stuhl (m)	[ʃtu:l]
cama (f)	Bett (n)	[bɛt]

| divã (m) | Sofa (n) | ['zo:fa] |
| cadeirão (m) | Sessel (m) | ['zɛsəl] |

| estante (f) | Bücherschrank (m) | ['by:çɐʃʀaŋk] |
| prateleira (f) | Regal (n) | [ʀe'ga:l] |

guarda-vestidos (m)	Schrank (m)	[ʃʀaŋk]
cabide (m) de parede	Hakenleiste (f)	['ha:kən͵laɪstə]
cabide (m) de pé	Kleiderständer (m)	['klaɪdɐ͵ʃtɛndɐ]

| cómoda (f) | Kommode (f) | [kɔ'mo:də] |
| mesinha (f) de centro | Couchtisch (m) | ['kaʊtʃ͵tɪʃ] |

espelho (m)	Spiegel (m)	['ʃpi:gəl]
tapete (m)	Teppich (m)	['tɛpɪç]
tapete (m) pequeno	Matte (f)	['matə]

lareira (f)	Kamin (m)	[ka'mi:n]
vela (f)	Kerze (f)	['kɛʁtsə]
castiçal (m)	Kerzenleuchter (m)	['kɛʁtsən͵lɔɪçtɐ]

cortinas (f pl)	Vorhänge (pl)	['fo:ɐhɛŋə]
papel (m) de parede	Tapete (f)	[ta'pe:tə]
estores (f pl)	Jalousie (f)	[ʒalu'zi:]

| candeeiro (m) de mesa | Tischlampe (f) | ['tɪʃ͵lampə] |
| candeeiro (m) de parede | Leuchte (f) | ['lɔɪçtə] |

| candeeiro (m) de pé | Stehlampe (f) | ['ʃte:͵lampə] |
| lustre (m) | Kronleuchter (m) | ['kʀo:n͵lɔɪçtɐ] |

perna (da cadeira, etc.)	Bein (n)	[baɪn]
braço (m)	Armlehne (f)	['aʁm͵le:nə]
costas (f pl)	Lehne (f)	['le:nə]
gaveta (f)	Schublade (f)	['ʃu:p͵la:də]

65. Quarto de dormir

roupa (f) de cama	Bettwäsche (f)	['bɛt‚vɛʃə]
almofada (f)	Kissen (n)	['kɪsən]
fronha (f)	Kissenbezug (m)	['kɪsən·bə‚tsuːk]
cobertor (m)	Bettdecke (f)	['bɛt‚dɛkə]
lençol (m)	Laken (n)	['laːkən]
colcha (f)	Tagesdecke (f)	['taːgəs‚dɛkə]

66. Cozinha

cozinha (f)	Küche (f)	['kʏçə]
gás (m)	Gas (n)	[gaːs]
fogão (m) a gás	Gasherd (m)	['gaːs‚heːɐt]
fogão (m) elétrico	Elektroherd (m)	[e'lɛktRo‚heːɐt]
forno (m)	Backofen (m)	['bak‚ʔoːfən]
forno (m) de micro-ondas	Mikrowellenherd (m)	['mikRovɛlən‚heːɐt]

frigorífico (m)	Kühlschrank (m)	['kyːlʃRaŋk]
congelador (m)	Tiefkühltruhe (f)	['tiːfkyːl‚tRuːə]
máquina (f) de lavar louça	Geschirrspülmaschine (f)	[gə'ʃɪʁ·ʃpyːl·ma‚ʃiːnə]

moedor (m) de carne	Fleischwolf (m)	['flaɪʃvɔlf]
espremedor (m)	Saftpresse (f)	['zaft‚pRɛsə]
torradeira (f)	Toaster (m)	['toːstɐ]
batedeira (f)	Mixer (m)	['mɪksɐ]

máquina (f) de café	Kaffeemaschine (f)	['kafe·ma‚ʃiːnə]
cafeteira (f)	Kaffeekanne (f)	['kafe‚kanə]
moinho (m) de café	Kaffeemühle (f)	['kafe‚myːlə]

chaleira (f)	Wasserkessel (m)	['vasɐ‚kɛsəl]
bule (m)	Teekanne (f)	['teː‚kanə]
tampa (f)	Deckel (m)	['dɛkəl]
coador (f) de chá	Teesieb (n)	['teː‚ziːp]

colher (f)	Löffel (m)	['lœfəl]
colher (f) de chá	Teelöffel (m)	['teː‚lœfəl]
colher (f) de sopa	Esslöffel (m)	['ɛs‚lœfəl]
garfo (m)	Gabel (f)	[gaːbəl]
faca (f)	Messer (n)	['mɛsɐ]

louça (f)	Geschirr (n)	[gə'ʃɪʁ]
prato (m)	Teller (m)	['tɛlɐ]
pires (m)	Untertasse (f)	['ʊntɐ‚tasə]

cálice (m)	Schnapsglas (n)	['ʃnaps‚glaːs]
copo (m)	Glas (n)	[glaːs]
chávena (f)	Tasse (f)	['tasə]

açucareiro (m)	Zuckerdose (f)	['tsʊkɐ‚doːzə]
saleiro (m)	Salzstreuer (m)	['zalts‚ʃtRɔɪɐ]
pimenteiro (m)	Pfefferstreuer (m)	['pfɛfɐ‚ʃtRɔɪɐ]

manteigueira (f)	Butterdose (f)	['butɐˌdo:zə]
panela, caçarola (f)	Kochtopf (m)	['kɔxˌtɔpf]
frigideira (f)	Pfanne (f)	['pfanə]
concha (f)	Schöpflöffel (m)	['ʃœpfˌlœfəl]
passador (m)	Durchschlag (m)	['duʁçˌʃla:k]
bandeja (f)	Tablett (n)	[ta'blɛt]

garrafa (f)	Flasche (f)	['flaʃə]
boião (m) de vidro	Einmachglas (n)	['aɪnmaxˌglaːs]
lata (f)	Dose (f)	['do:zə]

abre-garrafas (m)	Flaschenöffner (m)	['flaʃənˌʔœfnɐ]
abre-latas (m)	Dosenöffner (m)	['do:zənˌʔœfnɐ]
saca-rolhas (m)	Korkenzieher (m)	['kɔʁkənˌtsi:ɐ]
filtro (m)	Filter (n)	['fɪltɐ]
filtrar (vt)	filtern (vt)	['fɪltɐn]

| lixo (m) | Müll (m) | [mʏl] |
| balde (m) do lixo | Mülleimer (m) | ['mʏlˌʔaɪmɐ] |

67. Casa de banho

quarto (m) de banho	Badezimmer (n)	['ba:dəˌtsɪmɐ]
água (f)	Wasser (n)	['vasɐ]
torneira (f)	Wasserhahn (m)	['vasɐˌha:n]
água (f) quente	Warmwasser (n)	['vaʁmˌvasɐ]
água (f) fria	Kaltwasser (n)	['kaltˌvasɐ]

pasta (f) de dentes	Zahnpasta (f)	['tsa:nˌpasta]
escovar os dentes	Zähne putzen	['tsɛːnə 'pʊtsən]
escova (f) de dentes	Zahnbürste (f)	['tsa:nˌbʏʁstə]

barbear-se (vr)	sich rasieren	[zɪç ʁa'zi:ʁən]
espuma (f) de barbear	Rasierschaum (m)	[ʁa'zi:ɐˌʃaʊm]
máquina (f) de barbear	Rasierer (m)	[ʁa'zi:ʁɐ]

lavar (vt)	waschen (vt)	['vaʃən]
lavar-se (vr)	sich waschen	[zɪç 'vaʃən]
duche (m)	Dusche (f)	['du:ʃə]
tomar um duche	sich duschen	[zɪç 'du:ʃən]

banheira (f)	Badewanne (f)	['ba:dəˌvanə]
sanita (f)	Klosettbecken (n)	[klo'zɛtˌbɛkən]
lavatório (m)	Waschbecken (n)	['vaʃˌbɛkən]

| sabonete (m) | Seife (f) | ['zaɪfə] |
| saboneteira (f) | Seifenschale (f) | ['zaɪfənˌʃa:lə] |

esponja (f)	Schwamm (m)	[ʃvam]
champô (m)	Shampoo (n)	['ʃampu]
toalha (f)	Handtuch (n)	['hantˌtu:x]
roupão (m) de banho	Bademantel (m)	['ba:dəˌmantəl]
lavagem (f)	Wäsche (f)	['vɛʃə]
máquina (f) de lavar	Waschmaschine (f)	['vaʃˈmaʃiːnə]

lavar a roupa	**waschen** (vt)	['vaʃən]
detergente (m)	**Waschpulver** (n)	['vaʃˌpʊlvɐ]

68. Eletrodomésticos

televisor (m)	**Fernseher** (m)	['fɛʁnˌze:ɐ]
gravador (m)	**Tonbandgerät** (n)	['to:nbant·gəˌʁɛ:t]
videogravador (m)	**Videorekorder** (m)	['video·ʁeˌkɔʁdɐ]
rádio (m)	**Empfänger** (m)	[ɛm'pfɛŋɐ]
leitor (m)	**Player** (m)	['plɛɪɐ]
projetor (m)	**Videoprojektor** (m)	['vi:deo·pʁojɛkto:ɐ]
cinema (m) em casa	**Heimkino** (n)	['haɪmki:no]
leitor (m) de DVD	**DVD-Player** (m)	[defaʊ'de:ˌplɛɪɐ]
amplificador (m)	**Verstärker** (m)	[fɛɐ'ʃtɛʁkɐ]
console (f) de jogos	**Spielkonsole** (f)	['ʃpi:l·kɔnˌzo:lə]
câmara (f) de vídeo	**Videokamera** (f)	['vi:deoˌkaməʁa]
máquina (f) fotográfica	**Kamera** (f)	['kaməʁa]
câmara (f) digital	**Digitalkamera** (f)	[digi'ta:lˌkaməʁa]
aspirador (m)	**Staubsauger** (m)	['ʃtaʊpˌzaʊgɐ]
ferro (m) de engomar	**Bügeleisen** (n)	['by:gəlˌʔaɪzən]
tábua (f) de engomar	**Bügelbrett** (n)	['by:gəlˌbʁɛt]
telefone (m)	**Telefon** (n)	[tele'fo:n]
telemóvel (m)	**Mobiltelefon** (n)	[mo'bi:l·teleˌfo:n]
máquina (f) de escrever	**Schreibmaschine** (f)	['ʃʁaɪp·maˌʃi:nə]
máquina (f) de costura	**Nähmaschine** (f)	['nɛː·maˌʃi:nə]
microfone (m)	**Mikrophon** (n)	[mikʁo'fo:n]
auscultadores (m pl)	**Kopfhörer** (m)	['kɔpfˌhø:ʁɐ]
controlo remoto (m)	**Fernbedienung** (f)	['fɛʁnbəˌdi:nʊŋ]
CD (m)	**CD** (f)	[tse:'de:]
cassete (f)	**Kassette** (f)	[ka'sɛtə]
disco (m) de vinil	**Schallplatte** (f)	['ʃalˌplatə]

ATIVIDADES HUMANAS

Emprego. Negócios. Parte 1

69. Escritório. O trabalho no escritório

escritório (~ de advogados)	Büro (n)	[by'ʀoː]
escritório (do diretor, etc.)	Büro (n)	[by'ʀoː]
receção (f)	Rezeption (f)	[ʀɛtsɛp'tsjoːn]
secretário (m)	Sekretär (m)	[zekʀe'tɛːɐ]
secretária (f)	Sekretärin (f)	[zekʀe'tɛːʀɪn]
diretor (m)	Direktor (m)	[di'ʀɛktoːɐ]
gerente (m)	Manager (m)	['mɛnɪdʒɐ]
contabilista (m)	Buchhalter (m)	['buːχˌhaltɐ]
empregado (m)	Mitarbeiter (m)	['mɪtʔaʁˌbaɪtɐ]
mobiliário (m)	Möbel (n)	['møːbəl]
mesa (f)	Tisch (m)	[tɪʃ]
cadeira (f)	Schreibtischstuhl (m)	['ʃʀaɪptɪʃˌʃtuːl]
bloco (m) de gavetas	Rollcontainer (m)	['ʀɔlˈkɔnˌteːnɐ]
cabide (m) de pé	Kleiderständer (m)	['klaɪdɐˌʃtɛndɐ]
computador (m)	Computer (m)	[kɔm'pjuːtɐ]
impressora (f)	Drucker (m)	['dʀʊkɐ]
fax (m)	Fax (m, n)	[faks]
fotocopiadora (f)	Kopierer (m)	[ko'piːʀɐ]
papel (m)	Papier (n)	[pa'piːɐ]
artigos (m pl) de escritório	Büromaterial (n)	[by'ʀoːmateˌʀɪaːl]
tapete (m) de rato	Mousepad (n)	['maʊspɛt]
folha (f) de papel	Blatt (n) Papier	[blat pa'piːɐ]
pasta (f)	Ordner (m)	['ɔʁdnɐ]
catálogo (m)	Katalog (m)	[kata'loːk]
diretório (f) telefónico	Adressbuch (n)	[a'dʀɛsˌbuːχ]
documentação (f)	Dokumentation (f)	[dokumɛnta'tsjoːn]
brochura (f)	Broschüre (f)	[bʀɔ'ʃyːʀə]
flyer (m)	Flugblatt (n)	['fluːkˌblat]
amostra (f)	Muster (n)	['mʊstɐ]
formação (f)	Training (n)	['tʀɛːnɪŋ]
reunião (f)	Meeting (n)	['miːtɪŋ]
hora (f) de almoço	Mittagspause (f)	['mɪtaːksˌpaʊzə]
fazer uma cópia	eine Kopie machen	['aɪnə ko'piː 'maχən]
tirar cópias	vervielfältigen (vt)	[fɛɐ'fiːlˌfɛltɪgən]
receber um fax	ein Fax bekommen	[aɪn faks bə'kɔmən]
enviar um fax	ein Fax senden	[aɪn faks 'zɛndən]

fazer uma chamada	anrufen (vt)	['an‚ʀuːfən]
responder (vt)	antworten (vi)	['ant‚vɔʁtən]
passar (vt)	verbinden (vt)	[fɛɐ'bɪndən]
marcar (vt)	ausmachen (vt)	['aʊs‚maχən]
demonstrar (vt)	demonstrieren (vt)	[demɔn'stʀiːʀən]
estar ausente	fehlen (vi)	['feːlən]
ausência (f)	Abwesenheit (f)	['ap‚veːzən·haɪt]

70. Processos negociais. Parte 1

negócio (m)	Geschäft (n)	[gə'ʃɛft]
ocupação (f)	Angelegenheit (f)	['angə‚leːgənhaɪt]
firma, empresa (f)	Firma (f)	['fɪʁma]
companhia (f)	Gesellschaft (f)	[gə'zɛlʃaft]
corporação (f)	Konzern (m)	[kɔn'tsɛʁn]
empresa (f)	Unternehmen (n)	[‚ʊntɐ'neːmən]
agência (f)	Agentur (f)	[agɛn'tuːɐ]
acordo (documento)	Vereinbarung (f)	[fɛɐ'ʔaɪnba:ʀʊŋ]
contrato (m)	Vertrag (m)	[fɛɐ'tʀaːk]
acordo (transação)	Geschäft (n)	[gə'ʃɛft]
encomenda (f)	Auftrag (m)	['aʊf‚tʀaːk]
cláusulas (f pl), termos (m pl)	Bedingung (f)	[bə'dɪŋʊŋ]
por grosso (adv)	en gros	[ɛn 'gʁo]
por grosso (adj)	Großhandels-	['gʁoːs‚handəls]
venda (f) por grosso	Großhandel (m)	['gʁoːs‚handəl]
a retalho	Einzelhandels-	['aɪntsəl‚handəls]
venda (f) a retalho	Einzelhandel (m)	['aɪntsəl‚handəl]
concorrente (m)	Konkurrent (m)	[kɔŋkʊ'ʀɛnt]
concorrência (f)	Konkurrenz (f)	[‚kɔŋkʊ'ʀɛnts]
competir (vi)	konkurrieren (vi)	[kɔŋkʊ'ʀiːʀən]
sócio (m)	Partner (m)	['paʁtnɐ]
parceria (f)	Partnerschaft (f)	['paʁtnɐʃaft]
crise (f)	Krise (f)	['kʀiːzə]
bancarrota (f)	Bankrott (m)	[baŋ'kʀɔt]
entrar em falência	Bankrott machen	[baŋ'kʀɔt 'maχən]
dificuldade (f)	Schwierigkeit (f)	['ʃviːʀɪçkaɪt]
problema (m)	Problem (n)	[pʀo'bleːm]
catástrofe (f)	Katastrophe (f)	[‚katas'tʀoːfə]
economia (f)	Wirtschaft (f)	['vɪʁtʃaft]
económico	wirtschaftlich	['vɪʁtʃaftlɪç]
recessão (f) económica	Rezession (f)	[ʀetsɛ'sjoːn]
objetivo (m)	Ziel (n)	[tsiːl]
tarefa (f)	Aufgabe (f)	['aʊf‚gaːbə]
comercializar (vi)	handeln (vi)	['handəln]
rede (de distribuição)	Netz (n)	[nɛts]

| estoque (m) | Lager (n) | ['la:gɐ] |
| sortido (m) | Sortiment (n) | [zɔʁti'mɛnt] |

líder (m)	führende Unternehmen (n)	['fy:ʁəndə ʊntɐ'ne:mən]
grande (~ empresa)	groß	[gʁo:s]
monopólio (m)	Monopol (n)	[mono'po:l]

teoria (f)	Theorie (f)	[teo'ʁi:]
prática (f)	Praxis (f)	['pʁaksɪs]
experiência (falar por ~)	Erfahrung (f)	[ɛɐ'fa:ʁʊŋ]
tendência (f)	Tendenz (f)	[tɛn'dɛnts]
desenvolvimento (m)	Entwicklung (f)	[ɛnt'vɪklʊŋ]

71. Processos negociais. Parte 2

| rentabilidade (f) | Vorteil (m) | ['fɔʁ‚taɪl] |
| rentável | vorteilhaft | ['fɔʁtaɪl‚haft] |

delegação (f)	Delegation (f)	[delega'tsjo:n]
salário, ordenado (m)	Lohn (m)	[lo:n]
corrigir (um erro)	korrigieren (vt)	[kɔʁi'gi:ʁən]
viagem (f) de negócios	Dienstreise (f)	['di:nst‚ʁaɪzə]
comissão (f)	Kommission (f)	[kɔmɪ'sjo:n]

controlar (vt)	kontrollieren (vt)	[kɔntʁo'li:ʁən]
conferência (f)	Konferenz (f)	[‚kɔnfe'ʁɛnts]
licença (f)	Lizenz (f)	[li'tsɛnts]
fiável	zuverlässig	['tsu:fɐ‚lɛsɪç]

empreendimento (m)	Initiative (f)	[initsɪa'ti:və]
norma (f)	Norm (f)	[nɔʁm]
circunstância (f)	Umstand (m)	['ʊmʃtant]
dever (m)	Pflicht (f)	[pflɪçt]

empresa (f)	Unternehmen (n)	[‚ʊntɐ'ne:mən]
organização (f)	Organisation (f)	[‚ɔʁganiza'tsjo:n]
organizado	organisiert	[ɔʁgani'zi:ɐt]
anulação (f)	Abschaffung (f)	['ap‚ʃafʊŋ]
anular, cancelar (vt)	abschaffen (vt)	['ap‚ʃafən]
relatório (m)	Bericht (m)	[bə'ʁɪçt]

patente (f)	Patent (n)	[pa'tɛnt]
patentear (vt)	patentieren (vt)	[patɛn'ti:ʁən]
planear (vt)	planen (vt)	['pla:nən]

prémio (m)	Prämie (f)	['pʁɛ:mɪə]
profissional	professionell	[pʁofɛsjo'nɛl]
procedimento (m)	Prozedur (f)	[‚pʁotse'du:ɐ]

examinar (a questão)	prüfen (vt)	['pʁy:fən]
cálculo (m)	Berechnung (f)	[bə'ʁɛçnʊŋ]
reputação (f)	Ruf (m)	[ʁu:f]
risco (m)	Risiko (n)	['ʁi:ziko]
dirigir (~ uma empresa)	leiten (vt)	['laɪtən]

informação (f)	Informationen (pl)	[ɪnfɔʁmaˈtsjoːnən]
propriedade (f)	Eigentum (n)	[ˈaɪɡəntuːm]
união (f)	Bund (m)	[bʊnt]

seguro (m) de vida	Lebensversicherung (f)	[ˈleːbənsˌfɛɐ̯ˌzɪçəRʊŋ]
fazer um seguro	versichern (vt)	[fɛɐ̯ˈzɪçən]
seguro (m)	Versicherung (f)	[fɛɐ̯ˈzɪçəRʊŋ]

leilão (m)	Auktion (f)	[aʊkˈtsjoːn]
notificar (vt)	benachrichtigen (vt)	[bəˈnaːχˌRɪçtɪɡən]
gestão (f)	Verwaltung (f)	[fɛɐ̯ˈvaltʊŋ]
serviço (indústria de ~s)	Dienst (m)	[diːnst]

fórum (m)	Forum (n)	[ˈfoːRʊm]
funcionar (vi)	funktionieren (vi)	[fʊŋktsjoˈniːRən]
estágio (m)	Etappe (f)	[eˈtapə]
jurídico	juristisch	[juˈRɪstɪʃ]
jurista (m)	Jurist (m)	[juˈRɪst]

72. Produção. Trabalhos

usina (f)	Werk (n)	[vɛʁk]
fábrica (f)	Fabrik (f)	[faˈbRiːk]
oficina (f)	Werkstatt (f)	[ˈvɛʁkˌʃtat]
local (m) de produção	Betrieb (m)	[bəˈtRiːp]

indústria (f)	Industrie (f)	[ɪndʊsˈtRiː]
industrial	Industrie-	[ɪndʊsˈtRiː]
indústria (f) pesada	Schwerindustrie (f)	[ˈʃveːɐ̯ʔɪndʊsˌtRiː]
indústria (f) ligeira	Leichtindustrie (f)	[ˈlaɪçtʔɪndʊsˌtRiː]

produção (f)	Produktion (f)	[pRodʊkˈtsjoːn]
produzir (vt)	produzieren (vt)	[pRoduˈtsiːRən]
matérias (f pl) primas	Rohstoff (m)	[ˈRoːˌʃtɔf]

chefe (m) de brigada	Vorarbeiter (m), Meister (m)	[foːʁˈʔaʁbaɪtɐ], [ˈmaɪstɐ]
brigada (f)	Arbeitsteam (n)	[ˈaʁbaɪtsˌtiːm]
operário (m)	Arbeiter (m)	[ˈaʁbaɪtɐ]

dia (m) de trabalho	Arbeitstag (m)	[ˈaʁbaɪtsˌtaːk]
pausa (f)	Pause (f)	[ˈpaʊzə]
reunião (f)	Versammlung (f)	[fɛɐ̯ˈzamlʊŋ]
discutir (vt)	besprechen (vt)	[bəˈʃpRɛçən]

plano (m)	Plan (m)	[plaːn]
cumprir o plano	den Plan erfüllen	[den plaːn ɛɐ̯ˈfʏlən]
taxa (f) de produção	Arbeitsertrag (m)	[ˈaʁbaɪtsˌɛɐ̯ˈtRaːk]
qualidade (f)	Qualität (f)	[kvaliˈtɛːt]
controlo (m)	Prüfung, Kontrolle (f)	[ˈpRyːfʊŋ], [kɔnˈtRɔlə]
controlo (m) da qualidade	Gütekontrolle (f)	[ˈɡyːtəˌkɔnˈtRɔlə]

segurança (f) no trabalho	Arbeitsplatzsicherheit (f)	[ˈaʁbaɪtsˌplatsˌzɪçəhaɪt]
disciplina (f)	Disziplin (f)	[dɪstsiˈpliːn]
infração (f)	Übertretung (f)	[yːbəˈtReˌtʊŋ]

violar (as regras)	übertreten (vt)	[y:bɐ'tʀe:tən]
greve (f)	Streik (m)	[ʃtʀaɪk]
grevista (m)	Streikender (m)	['ʃtʀaɪkəndɐ]
estar em greve	streiken (vi)	['ʃtʀaɪkən]
sindicato (m)	Gewerkschaft (f)	[gə'vɛʀkʃaft]

inventar (vt)	erfinden (vt)	[ɛɐ'fɪndən]
invenção (f)	Erfindung (f)	[ɛɐ'fɪndʊŋ]
pesquisa (f)	Erforschung (f)	[ɛɐ'fɔʀʃʊŋ]
melhorar (vt)	verbessern (vt)	[fɛɐ'bɛsən]
tecnologia (f)	Technologie (f)	[tɛçnolo'gi:]
desenho (m) técnico	Zeichnung (f)	['tsaɪçnʊŋ]

carga (f)	Ladung (f)	['la:dʊŋ]
carregador (m)	Ladearbeiter (m)	['la:də‚aʀbaɪtɐ]
carregar (vt)	laden (vt)	['la:dən]
carregamento (m)	Beladung (f)	[bə'la:dʊŋ]
descarregar (vt)	entladen (vt)	[ɛnt'la:dən]
descarga (f)	Entladung (f)	[ɛnt'la:dʊŋ]

transporte (m)	Transport (m)	[tʀans'pɔʀt]
companhia (f) de transporte	Transportunternehmen (n)	[tʀans'pɔʀt·ʊntɐ'ne:mən]
transportar (vt)	transportieren (vt)	[‚tʀanspɔʀ'ti:ʀən]

vagão (m) de carga	Güterwagen (m)	['gy:tɐ‚va:gən]
cisterna (f)	Zisterne (f)	[tsɪs'tɛʀnə]
camião (m)	Lastkraftwagen (m)	['lastkʀaft‚va:gən]

| máquina-ferramenta (f) | Werkzeugmaschine (f) | ['vɛʀktsɔɪk·ma‚ʃi:nə] |
| mecanismo (m) | Mechanismus (m) | [meça'nɪsmʊs] |

resíduos (m pl) industriais	Industrieabfälle (pl)	[ɪndʊs'tʀi:?ap‚fɛlə]
embalagem (f)	Verpacken (n)	[fɛɐ'pakən]
embalar (vt)	verpacken (vt)	[fɛɐ'pakən]

73. Contrato. Acordo

contrato (m)	Vertrag (m)	[fɛɐ'tʀa:k]
acordo (m)	Vereinbarung (f)	[fɛɐ'?aɪnba:ʀʊŋ]
adenda (f), anexo (m)	Anhang (m)	['anhaŋ]

assinar o contrato	einen Vertrag abschließen	['aɪnən fɛɐ'tʀa:k 'apʃli:sən]
assinatura (f)	Unterschrift (f)	['ʊntɐʃʀɪft]
assinar (vt)	unterschreiben (vt)	[‚ʊntɐ'ʃʀaɪbən]
carimbo (m)	Stempel (m)	['ʃtɛmpəl]

objeto (m) do contrato	Vertragsgegenstand (m)	[fɛɐ'tʀa:ks·'ge:gənʃtant]
cláusula (f)	Punkt (m)	[pʊŋkt]
partes (f pl)	Parteien (pl)	[paʀ'taɪən]
morada (f) jurídica	rechtmäßige Anschrift (f)	['ʀɛçt‚mɛ:sɪgə 'anʃʀɪft]

violar o contrato	Vertrag brechen	[fɛɐ'tʀa:k 'bʀɛçən]
obrigação (f)	Verpflichtung (f)	[fɛɐ'pflɪçtʊŋ]
responsabilidade (f)	Verantwortlichkeit (f)	[fɛɐ'?antvɔʀtlɪçkaɪt]

força (f) maior	Force majeure (f)	[fɔʁsˈmaˈʒœːr]
litígio (m), disputa (f)	Streit (m)	[ʃtʁaɪt]
multas (f pl)	Strafsanktionen (pl)	[ˈʃtʁaːfˌzaŋkˈtsjoːnən]

74. Importação & Exportação

importação (f)	Import (m)	[ˌɪmˈpɔʁt]
importador (m)	Importeur (m)	[ɪmpɔʁˈtøːɐ]
importar (vt)	importieren (vt)	[ɪmpɔʁˈtiːʁən]
de importação	Import-	[ˌɪmˈpɔʁt]
exportação (f)	Export (m)	[ɛksˈpɔʁt]
exportador (m)	Exporteur (m)	[ɛkspɔʁˈtøːɐ]
exportar (vt)	exportieren (vt)	[ˌɛkspɔʁˈtiːʁən]
de exportação	Export-	[ɛksˈpɔʁt]
mercadoria (f)	Waren (pl)	[ˈvaːʁən]
lote (de mercadorias)	Partie (f), Ladung (f)	[paʁˈtiː], [ˈlaːdʊŋ]
peso (m)	Gewicht (n)	[ɡəˈvɪçt]
volume (m)	Volumen (n)	[voˈluːmən]
metro (m) cúbico	Kubikmeter (m)	[kuˈbiːkˌmeːtɐ]
produtor (m)	Hersteller (m)	[ˈheːɐʃtɛlɐ]
companhia (f) de transporte	Transportunternehmen (n)	[tʁansˈpɔʁtˈʊntɐˈneːmən]
contentor (m)	Container (m)	[ˌkɔnˈtɛɪnɐ]
fronteira (f)	Grenze (f)	[ˈɡʁɛntsə]
alfândega (f)	Zollamt (n)	[ˈtsɔlˌʔamt]
taxa (f) alfandegária	Zoll (m)	[tsɔl]
funcionário (m) da alfândega	Zollbeamter (m)	[ˈtsɔlˌbəˌʔamtɐ]
contrabando (atividade)	Schmuggel (m)	[ˈʃmʊɡəl]
contrabando (produtos)	Schmuggelware (f)	[ˈʃmʊɡəlˌvaːʁə]

75. Finanças

ação (f)	Aktie (f)	[ˈaktsiə]
obrigação (f)	Obligation (f)	[ɔbliɡaˈtsjoːn]
nota (f) promissória	Wechsel (m)	[ˈvɛksəl]
bolsa (f)	Börse (f)	[ˈbœʁzə]
cotação (m) das ações	Aktienkurs (m)	[ˈaktsiənˈkʊʁs]
tornar-se mais barato	billiger werden	[ˈbɪlɪɡɐ ˈveːɐdən]
tornar-se mais caro	teuer werden	[ˈtɔɪɐ ˈveːɐdən]
parte (f)	Anteil (m)	[ˈanˌtaɪl]
participação (f) maioritária	Mehrheitsbeteiligung (f)	[ˈmeːɐhaɪtsˈbəˈtaɪlɪɡʊŋ]
investimento (m)	Investitionen (pl)	[ɪnvɛstiˈtsjoːnən]
investir (vt)	investieren (vt)	[ɪnvɛsˈtiːʁən]
percentagem (f)	Prozent (n)	[pʁoˈtsɛnt]

juros (m pl)	Zinsen (pl)	['tsɪnzən]
lucro (m)	Gewinn (m)	[gə'vɪn]
lucrativo	gewinnbringend	[gə'vɪn‚bʀɪŋənt]
imposto (m)	Steuer (f)	['ʃtɔɪɐ]

divisa (f)	Währung (f)	['vɛːʀʊŋ]
nacional	Landes-	['landəs]
câmbio (m)	Geldumtausch (m)	['gɛlt‚umtauʃ]

| contabilista (m) | Buchhalter (m) | ['buːx‚haltɐ] |
| contabilidade (f) | Buchhaltung (f) | ['buːx‚haltʊŋ] |

bancarrota (f)	Bankrott (m)	[baŋ'kʀɔt]
falência (f)	Zusammenbruch (m)	[tsu'zamən‚bʀʊx]
ruína (f)	Pleite (f)	['plaɪtə]
arruinar-se (vr)	pleite gehen	['plaɪtə 'geːən]
inflação (f)	Inflation (f)	[ɪnfla'tsjoːn]
desvalorização (f)	Abwertung (f)	['ap‚veːɐtʊŋ]

capital (m)	Kapital (n)	[kapi'taːl]
rendimento (m)	Einkommen (n)	['aɪn‚kɔmən]
volume (m) de negócios	Umsatz (m)	['ʊm‚zats]
recursos (m pl)	Mittel (pl)	['mɪtəl]
recursos (m pl) financeiros	Geldmittel (pl)	['gɛlt‚mɪtəl]

| despesas (f pl) gerais | Gemeinkosten (pl) | [gə'maɪn‚kɔstən] |
| reduzir (vt) | reduzieren (vt) | [ʀedu'tsiːʀən] |

76. Marketing

marketing (m)	Marketing (n)	['maʀkətɪŋ]
mercado (m)	Markt (m)	[maʀkt]
segmento (m) do mercado	Marktsegment (n)	['maʀkt‧zɛ'gmɛnt]
produto (m)	Produkt (n)	[pʀo'dʊkt]
mercadoria (f)	Waren (pl)	['vaːʀən]

marca (f)	Schutzmarke (f)	['ʃuts‚maʀkə]
marca (f) comercial	Handelsmarke (f)	['handəls‚maʀkə]
logotipo (m)	Firmenzeichen (n)	['fɪʀmən‚tsaɪçən]
logo (m)	Logo (m, n)	['loːgɔ]

demanda (f)	Nachfrage (f)	['naːx‚fʀaːgə]
oferta (f)	Angebot (n)	['angə‚boːt]
necessidade (f)	Bedürfnis (n)	[bə'dʏʀfnɪs]
consumidor (m)	Verbraucher (m)	[fɛɐ'bʀauxɐ]

análise (f)	Analyse (f)	[ana'lyːzə]
analisar (vt)	analysieren (vt)	[‚analy:'ziːʀən]
posicionamento (m)	Positionierung (f)	[pozitsjo'niːʀʊŋ]
posicionar (vt)	positionieren (vt)	[pozitsjo'niːʀən]

preço (m)	Preis (m)	[pʀaɪs]
política (f) de preços	Preispolitik (f)	['pʀaɪs‧poli'tɪk]
formação (f) de preços	Preisbildung (f)	['pʀaɪs‚bɪldʊŋ]

77. Publicidade

publicidade (f)	**Werbung** (f)	['vɛʁbʊŋ]
publicitar (vt)	**werben** (vt)	['vɛʁbən]
orçamento (m)	**Budget** (n)	[by'dʒe:]
anúncio (m) publicitário	**Werbeanzeige** (f)	['vɛʁbə?an͵tsaɪgə]
publicidade (f) televisiva	**Fernsehwerbung** (f)	['fɛʁnze:͵vɛʁbʊŋ]
publicidade (f) na rádio	**Radiowerbung** (f)	['ʁa:dɪo͵vɛʁbʊŋ]
publicidade (f) exterior	**Außenwerbung** (f)	['aʊsən͵vɛʁbʊŋ]
meios (m pl) de comunicação social	**Massenmedien** (pl)	['masən͵me:dɪən]
periódico (m)	**Zeitschrift** (f)	['tsaɪt͵ʃʁɪft]
imagem (f)	**Image** (n)	['ɪmɪdʒ]
slogan (m)	**Losung** (f)	['lo:zʊŋ]
mote (m), divisa (f)	**Motto** (n)	['mɔto]
campanha (f)	**Kampagne** (f)	[kam'panjə]
companha (f) publicitária	**Werbekampagne** (f)	['vɛʁbə·kam'panjə]
grupo (m) alvo	**Zielgruppe** (f)	['tsi:l͵gʁʊpə]
cartão (m) de visita	**Visitenkarte** (f)	[vi'zi:tən͵kaʁtə]
flyer (m)	**Flugblatt** (n)	['flu:k͵blat]
brochura (f)	**Broschüre** (f)	[bʁɔ'ʃy:ʁə]
folheto (m)	**Faltblatt** (n)	['falt͵blat]
boletim (~ informativo)	**Informationsblatt** (n)	[ɪnfoʁma'tsjo:ns͵blat]
letreiro (m)	**Firmenschild** (n)	['fɪʁmən͵ʃɪlt]
cartaz, póster (m)	**Plakat** (n)	[pla'ka:t]
painel (m) publicitário	**Werbeschild** (n)	['vɛʁbə͵ʃɪlt]

78. Banca

banco (m)	**Bank** (f)	[baŋk]
sucursal, balcão (f)	**Filiale** (f)	[fi'lɪa:lə]
consultor (m)	**Berater** (m)	[bə'ʁa:tɐ]
gerente (m)	**Leiter** (m)	['laɪtɐ]
conta (f)	**Konto** (n)	['kɔnto]
número (m) da conta	**Kontonummer** (f)	['kɔnto͵nʊmɐ]
conta (f) corrente	**Kontokorrent** (n)	[kɔnto·kɔ'ʁɛnt]
conta (f) poupança	**Sparkonto** (n)	['ʃpa:ɐ͵kɔnto]
abrir uma conta	**ein Konto eröffnen**	[aɪn 'kɔnto ɛɐ'?œfnən]
fechar uma conta	**das Konto schließen**	[das 'kɔnto 'ʃli:sən]
depositar na conta	**auf ein Konto einzahlen**	[aʊf aɪn 'kɔnto 'aɪn͵tsa:lən]
levantar (vt)	**abheben** (vt)	['ap͵he:bən]
depósito (m)	**Einzahlung** (f)	['aɪn͵tsa:lʊŋ]
fazer um depósito	**eine Einzahlung machen**	['aɪnə 'aɪn͵tsa:lʊŋ 'maxən]

transferência (f) bancária	Überweisung (f)	[ˌyːbɐˈvaɪzən]
transferir (vt)	überweisen (vt)	[ˌyːbɐˈvaɪzən]
soma (f)	Summe (f)	[ˈzʊmə]
Quanto?	Wie viel?	[ˈviː fiːl]
assinatura (f)	Unterschrift (f)	[ˈʊntɐˌʃʀɪft]
assinar (vt)	unterschreiben (vt)	[ˌʊntɐˈʃʀaɪbən]
cartão (m) de crédito	Kreditkarte (f)	[kʀeˈdiːtˌkaʁtə]
código (m)	Code (m)	[koːt]
número (m)	Kreditkartennummer (f)	[kʀeˈdiːtˌkaʁtəˈnʊmɐ]
do cartão de crédito		
Caixa Multibanco (m)	Geldautomat (m)	[ˈgɛltʔaʊtoˌmaːt]
cheque (m)	Scheck (m)	[ʃɛk]
passar um cheque	einen Scheck schreiben	[ˈaɪnən ʃɛk ˈʃʀaɪbn]
livro (m) de cheques	Scheckbuch (n)	[ˈʃɛkˌbuːχ]
empréstimo (m)	Darlehen (m)	[ˈdaʁˌleːən]
pedir um empréstimo	ein Darlehen beantragen	[aɪn ˈdaʁˌleːən bəˈʔantʀaːgən]
obter um empréstimo	ein Darlehen aufnehmen	[aɪn daʁˌleːən ˈaʊfˌneːmən]
conceder um empréstimo	ein Darlehen geben	[aɪn ˈdaʁˌleːən ˈgeːbən]
garantia (f)	Sicherheit (f)	[ˈzɪçɐhaɪt]

79. Telefone. Conversação telefónica

telefone (m)	Telefon (n)	[teleˈfoːn]
telemóvel (m)	Mobiltelefon (n)	[moˈbiːl·teleˌfoːn]
secretária (f) electrónica	Anrufbeantworter (m)	[ˈanʀuːfbəˌantˌvɔʁtɐ]
fazer uma chamada	anrufen (vt)	[ˈanˌʀuːfən]
chamada (f)	Anruf (m)	[ˈanˌʀuːf]
marcar um número	eine Nummer wählen	[ˈaɪnə ˈnʊmɐ ˈvɛːlən]
Alô!	Hallo!	[haˈloː]
perguntar (vt)	fragen (vt)	[ˈfʀaːgən]
responder (vt)	antworten (vi)	[ˈantˌvɔʁtən]
ouvir (vt)	hören (vt)	[ˈhøːʀən]
bem	gut	[guːt]
mal	schlecht	[ʃlɛçt]
ruído (m)	Störungen (pl)	[ˈʃtøːʀʊŋən]
auscultador (m)	Hörer (m)	[ˈhøːʀɐ]
pegar o telefone	den Hörer abnehmen	[den ˈhøːʀɐ ˈapˌneːmən]
desligar (vi)	auflegen (vt)	[ˈaʊfˌleːgən]
ocupado	besetzt	[bəˈzɛtst]
tocar (vi)	läuten (vi)	[ˈlɔɪtən]
lista (f) telefónica	Telefonbuch (n)	[teleˈfoːnˌbuːχ]
local	Orts-	[ɔʁts]
chamada (f) local	Ortsgespräch	[ɔʁts·gəˈʃpʀɛːç]

para outra cidade	Fern-	['fɛʁn]
chamada (f) para outra cidade	Ferngespräch	['fɛʁn·gə'ʃpʀɛ:ç]
internacional	Auslands-	['aʊslants]
chamada (f) internacional	Auslandsgespräch	['aʊslants·gə'ʃpʀɛ:ç]

80. Telefone móvel

telemóvel (m)	Mobiltelefon (n)	[mo'bi:l·tele͵fo:n]
ecrã (m)	Display (n)	[dɪs'ple:]
botão (m)	Knopf (m)	[knɔpf]
cartão SIM (m)	SIM-Karte (f)	['zɪm͵kaʁtə]

bateria (f)	Batterie (f)	[batə'ʁi:]
descarregar-se	leer sein	[le:ɐ zaɪn]
carregador (m)	Ladegerät (n)	['la:də·gə'ʀɛ:t]

menu (m)	Menü (n)	[me'ny:]
definições (f pl)	Einstellungen (pl)	['aɪnʃtɛlʊŋən]
melodia (f)	Melodie (f)	[melo'di:]
escolher (vt)	auswählen (vt)	['aʊs͵vɛ:lən]

calculadora (f)	Rechner (m)	['ʀɛçnɐ]
correio (m) de voz	Anrufbeantworter (m)	['anʀu:fbə·ant͵vɔʁtɐ]
despertador (m)	Wecker (m)	['vɛkɐ]
contatos (m pl)	Kontakte (pl)	[kɔn'taktə]

| mensagem (f) de texto | SMS-Nachricht (f) | [ɛsʔɛm'ʔɛs 'na:χ͵ʀɪçt] |
| assinante (m) | Teilnehmer (m) | ['taɪl͵ne:mɐ] |

81. Estacionário

| caneta (f) | Kugelschreiber (m) | ['ku:gəlʃʀaɪbɐ] |
| caneta (f) tinteiro | Federhalter (m) | ['fe:dɐ͵haltɐ] |

lápis (m)	Bleistift (m)	['blaɪʃtɪft]
marcador (m)	Faserschreiber (m)	['fa:zɐʃʀaɪbɐ]
caneta (f) de feltro	Filzstift (m)	['fɪltsʃtɪft]

| bloco (m) de notas | Notizblock (m) | [no'ti:ts͵blɔk] |
| agenda (f) | Terminkalender (m) | [tɛʁ'mi:n·ka͵lɛndɐ] |

régua (f)	Lineal (n)	[line'a:l]
calculadora (f)	Rechner (m)	['ʀɛçnɐ]
borracha (f)	Radiergummi (m)	[ʀa'di:ɐ͵gʊmi]

| pionés (m) | Reißzwecke (f) | ['ʀaɪs·tsvɛkə] |
| clipe (m) | Heftklammer (f) | ['hɛft͵klamɐ] |

cola (f)	Klebstoff (m)	['kle:pʃtɔf]
agrafador (m)	Hefter (m)	['hɛftɐ]
furador (m)	Locher (m)	['lɔχɐ]
afia-lápis (m)	Bleistiftspitzer (m)	['blaɪʃtɪftʃpɪtsɐ]

82. Tipos de negócios

serviços (m pl) de contabilidade	Buchführung (f)	['buːχˌfyːʀʊŋ]
publicidade (f)	Werbung (f)	['vɛʁbʊŋ]
agência (f) de publicidade	Werbeagentur (f)	['vɛʁbəʔagɛnˌtuːɐ]
ar condicionado (m)	Klimaanlagen (pl)	['kliːmaˌʔanlaːgən]
companhia (f) aérea	Fluggesellschaft (f)	['fluːkgəˌzɛlʃaft]
bebidas (f pl) alcoólicas	Spirituosen (pl)	[ʃpiʀi'tʊoːzən]
comércio (m) de antiguidades	Antiquitäten (pl)	[antikvi'tɛːtən]
galeria (f) de arte	Kunstgalerie (f)	['kʊnstˌgalə'ʀiː]
serviços (m pl) de auditoria	Rechnungsprüfung (f)	['ʀɛçnʊŋsˌpʀyːfʊŋ]
negócios (m pl) bancários	Bankwesen (n)	['baŋkˌveːzən]
bar (m)	Bar (f)	[baːɐ]
salão (m) de beleza	Schönheitssalon (m)	['ʃøːnhaɪtsˌza'lɔŋ]
livraria (f)	Buchhandlung (f)	['buːχˌhandlʊŋ]
cervejaria (f)	Bierbrauerei (f)	['biːɐˈbʀaʊəˌʀaɪ]
centro (m) de escritórios	Bürogebäude (n)	[by'ʀoːgəˌbɔɪdə]
escola (f) de negócios	Business-Schule (f)	['bɪznɛsˈʃuːlə]
casino (m)	Kasino (n)	[ka'ziːno]
construção (f)	Bau (m)	['baʊ]
serviços (m pl) de consultoria	Beratung (f)	[bə'ʀaːtʊŋ]
estomatologia (f)	Stomatologie (f)	[ʃtomatolo'giː]
design (m)	Design (n)	[di'zaɪn]
farmácia (f)	Apotheke (f)	[apo'teːkə]
lavandaria (f)	chemische Reinigung (f)	[çeːmiʃə 'ʀaɪnigʊŋ]
agência (f) de emprego	Personalagentur (f)	[pɛʁzo'naːlˈagɛn'tuːɐ]
serviços (m pl) financeiros	Finanzdienstleistungen (pl)	[fi'nantsˈdiːnstˌlaɪstʊŋən]
alimentos (m pl)	Nahrungsmittel (pl)	['naːʀʊŋsˌmɪtəl]
agência (f) funerária	Bestattungsinstitut (n)	[bə'ʃtatʊŋsʔɪnstiˌtuːt]
mobiliário (m)	Möbel (n)	['møːbəl]
roupa (f)	Kleidung (f)	['klaɪdʊŋ]
hotel (m)	Hotel (n)	[ho'tɛl]
gelado (m)	Eis (n)	[aɪs]
indústria (f)	Industrie (f)	[ɪndʊs'tʀiː]
seguro (m)	Versicherung (f)	[fɛɐ'zɪçəʀʊŋ]
internet (f)	Internet (n)	['ɪntɛnɛt]
investimento (m)	Investitionen (pl)	[ɪnvɛsti'tsjoːnən]
joalheiro (m)	Juwelier (m)	[juve'liːɐ]
joias (f pl)	Juwelierwaren (pl)	[juve'liːɐˌvaːʀən]
lavandaria (f)	Wäscherei (f)	[vɛʃə'ʀaɪ]
serviços (m pl) jurídicos	Rechtsberatung (f)	['ʀɛçtsˈbə'ʀaːtʊŋ]
indústria (f) ligeira	Leichtindustrie (f)	['laɪçtʔɪndʊsˌtʀiː]
revista (f)	Zeitschrift (f)	['tsaɪtʃʀɪft]
vendas (f pl) por catálogo	Versandhandel (m)	[fɛɐ'zantˌhandəl]
medicina (f)	Medizin (f)	[medi'tsiːn]
cinema (m)	Kino (n)	['kiːno]

museu (m)	**Museum** (n)	[mu'ze:ʊm]
agência (f) de notícias	**Nachrichtenagentur** (f)	['na:χrɪçtən?agɛn‚tu:ɐ]
jornal (m)	**Zeitung** (f)	['tsaɪtʊŋ]
clube (m) noturno	**Nachtklub** (m)	['naχt‚klʊp]

petróleo (m)	**Erdöl** (n)	['e:ɐt‚?ø:l]
serviço (m) de encomendas	**Kurierdienst** (m)	[ku'ʀi:ɐ‚di:nst]
indústria (f) farmacêutica	**Pharmaindustrie** (f)	['faʀma?ɪndʊs‚tʀi:]
poligrafia (f)	**Druckindustrie** (f)	[dʀʊk·ɪndʊs'tʀi:]
editora (f)	**Verlag** (m)	[fɛɐ'la:k]

rádio (m)	**Rundfunk** (m)	['ʀʊntfʊŋk]
imobiliário (m)	**Immobilien** (pl)	[ɪmo'bi:lɪən]
restaurante (m)	**Restaurant** (n)	[ʀɛsto'ʀaŋ]

empresa (f) de segurança	**Sicherheitsagentur** (f)	['zɪçehaɪts·agɛn'tu:ɐ]
desporto (m)	**Sport** (m)	[ʃpɔʀt]
bolsa (f)	**Börse** (f)	['bœʀzə]
loja (f)	**Laden** (m)	['la:dən]
supermercado (m)	**Supermarkt** (m)	['zu:pɐ‚maʀkt]
piscina (f)	**Schwimmbad** (n)	['ʃvɪmba:t]

alfaiataria (f)	**Atelier** (n)	[ate'lie:]
televisão (f)	**Fernsehen** (n)	['fɛʀn‚ze:ən]
teatro (m)	**Theater** (n)	[te'a:tɐ]
comércio (atividade)	**Handel** (m)	['handəl]
serviços (m pl) de transporte	**Transporte** (pl)	[tʀans'pɔʀtə]
viagens (m pl)	**Reisen** (pl)	['ʀaɪzən]

veterinário (m)	**Tierarzt** (m)	['ti:ɐ‚?aʀtst]
armazém (m)	**Warenlager** (n)	['va:ʀən‚la:gɐ]
recolha (f) do lixo	**Müllabfuhr** (f)	['mʏl‚?apfu:ɐ]

Emprego. Negócios. Parte 2

83. Espetáculo. Feira

feira (f)	Ausstellung (f)	['aʊsˌʃtɛlʊŋ]
feira (f) comercial	Handelsausstellung (f)	['handəlsˌaʊsˌʃtɛlʊŋ]
participação (f)	Teilnahme (f)	['taɪlˌna:mə]
participar (vi)	teilnehmen (vi)	['taɪlˌne:mən]
participante (m)	Teilnehmer (m)	['taɪlˌne:mɐ]
diretor (m)	Direktor (m)	[di'rɛkto:ɐ]
direção (f)	Messeverwaltung (f)	['mɛsə·fɛɐ'valtʊŋ]
organizador (m)	Organisator (m)	[ɔʁgani'za:to:ɐ]
organizar (vt)	veranstalten (vt)	[fɛɐ'ʔanʃtaltən]
ficha (f) de inscrição	Anmeldeformular (n)	['anmɛldə·fɔʁmuˌla:ɐ]
preencher (vt)	ausfüllen (vt)	['aʊsˌfʏlən]
detalhes (m pl)	Details (pl)	[de'taɪs]
informação (f)	Information (f)	[ɪnfɔʁma'tsjo:n]
preço (m)	Preis (m)	[pʁaɪs]
incluindo	einschließlich	['aɪnʃli:slɪç]
incluir (vt)	einschließen (vt)	['aɪnˌʃli:sən]
pagar (vt)	zahlen (vt)	['tsa:lən]
taxa (f) de inscrição	Anmeldegebühr (f)	['anmɛldə·gəˌby:ɐ]
entrada (f)	Eingang (m)	['aɪnˌgaŋ]
pavilhão (m)	Pavillon (m)	['pavɪljɔŋ]
inscrever (vt)	registrieren (vt)	[ʁegɪs'tʁi:ʁən]
crachá (m)	Namensschild (n)	['na:mənsˌʃɪlt]
stand (m)	Stand (m)	[ʃtant]
reservar (vt)	reservieren (vt)	[ʁezɛʁ'vi:ʁən]
vitrina (f)	Vitrine (f)	[vi'tʁi:nə]
foco, spot (m)	Strahler (m)	['ʃtʁa:lɐ]
design (m)	Design (n)	[di'zaɪn]
pôr, colocar (vt)	stellen (vt)	['ʃtɛlən]
pôr, colocar	gelegen sein	[gə'le:gən zaɪn]
distribuidor (m)	Distributor (m)	[dɪstʁi'bu:to:ɐ]
fornecedor (m)	Lieferant (m)	[ˌli:fə'ʁant]
fornecer (vt)	liefern (vt)	['li:fɐn]
país (m)	Land (n)	[lant]
estrangeiro	ausländisch	['aʊsˌlɛndɪʃ]
produto (m)	Produkt (n)	[pʁo'dʊkt]
associação (f)	Assoziation (f)	[asɔtsia'tsjo:n]
sala (f) de conferências	Konferenzraum (m)	[kɔnfe'ʁɛntsˌʁaʊm]

| congresso (m) | Kongress (m) | [kɔŋ'gʀɛs] |
| concurso (m) | Wettbewerb (m) | ['vɛtbə‚vɛʀp] |

visitante (m)	Besucher (m)	[bə'zu:χɐ]
visitar (vt)	besuchen (vt)	[bə'zu:χən]
cliente (m)	Auftraggeber (m)	['aʊftʀa:k‚ge:bɐ]

84. Ciência. Investigação. Cientistas

ciência (f)	Wissenschaft (f)	['vɪsənʃaft]
científico	wissenschaftlich	['vɪsənʃaftlɪç]
cientista (m)	Wissenschaftler (m)	['vɪsənʃaftlɐ]
teoria (f)	Theorie (f)	[teo'ʀi:]

axioma (m)	Axiom (n)	[a'ksɪo:m]
análise (f)	Analyse (f)	[ana'ly:zə]
analisar (vt)	analysieren (vt)	[‚analy:'zi:ʀən]
argumento (m)	Argument (n)	[aʀgu'mɛnt]
substância (f)	Substanz (f)	[zʊps'tants]

hipótese (f)	Hypothese (f)	[‚hypo'te:zə]
dilema (m)	Dilemma (n)	[‚di'lɛma]
tese (f)	Dissertation (f)	[dɪsɛʀta'tsjo:n]
dogma (m)	Dogma (n)	['dɔgma]

doutrina (f)	Doktrin (f)	[dɔk'tʀi:n]
pesquisa (f)	Forschung (f)	['fɔʀʃʊŋ]
pesquisar (vt)	forschen (vi)	['fɔʀʃən]
teste (m)	Kontrolle (f)	[kɔn'tʀɔlə]
laboratório (m)	Labor (n)	[la'bo:ɐ]

método (m)	Methode (f)	[me'to:də]
molécula (f)	Molekül (n)	[mole'ky:l]
monitoramento (m)	Monitoring (n)	['mo:nito:ʀɪŋ]
descoberta (f)	Entdeckung (f)	[ɛnt'dɛkʊŋ]

postulado (m)	Postulat (n)	[pɔstu'la:t]
princípio (m)	Prinzip (n)	[pʀɪn'tsi:p]
prognóstico (previsão)	Prognose (f)	[pʀo'gno:zə]
prognosticar (vt)	prognostizieren (vt)	[pʀognɔsti'tsi:ʀən]

síntese (f)	Synthese (f)	[zyn'te:zə]
tendência (f)	Tendenz (f)	[tɛn'dɛnts]
teorema (m)	Theorem (n)	[teo'ʀe:m]

ensinamentos (m pl)	Lehre (f)	['le:ʀə]
facto (m)	Tatsache (f)	['ta:t‚zaχə]
expedição (f)	Expedition (f)	[ɛkspedi'tsjo:n]
experiência (f)	Experiment (n)	[ɛkspeʀi'mɛnt]

académico (m)	Akademiemitglied (n)	[akade'mi:·mɪt‚gli:t]
bacharel (m)	Bachelor (m)	['bɛtʃələ]
doutor (m)	Doktor (m)	['dɔkto:ɐ]
docente (m)	Dozent (m)	[do'tsɛnt]

| mestre (m) | **Magister** (m) | [maˈgɪstɐ] |
| professor (m) catedrático | **Professor** (m) | [pʀoˈfɛsoːɐ] |

Profissões e ocupações

85. Procura de emprego. Demissão

trabalho (m)	Arbeit (f), Stelle (f)	['aʁbaɪt], ['ʃtɛlə]
equipa (f)	Belegschaft (f)	[bə'le:kʃaft]
pessoal (m)	Personal (n)	[pɛʁzo'na:l]
carreira (f)	Karriere (f)	[ka'ʁɪe:ʁə]
perspetivas (f pl)	Perspektive (f)	[pɛʁspɛk'ti:və]
mestria (f)	Können (n)	['kœnən]
seleção (f)	Auswahl (f)	['ausva:l]
agência (f) de emprego	Personalagentur (f)	[pɛʁzo'na:l·agɛn'tu:ɐ]
CV, currículo (m)	Lebenslauf (m)	['le:bəns‚lauf]
entrevista (f) para um emprego	Vorstellungsgespräch (n)	['fo:ɐʃtɛlʊŋs·gəʃpʁɛ:ç]
vaga (f)	Vakanz (f)	[va'kants]
salário (m)	Gehalt (n)	[gə'halt]
salário (m) fixo	festes Gehalt (n)	['fɛstəs gə'halt]
pagamento (m)	Arbeitslohn (m)	['aʁbaɪts‚lo:n]
posto (m)	Stellung (f)	['ʃtɛlʊŋ]
dever (do empregado)	Pflicht (f), Aufgabe (f)	[pflɪçt], ['auf‚ga:bə]
gama (f) de deveres	Aufgabenspektrum (n)	['auf‚ga:bən'ʃpɛktʁʊm]
ocupado	beschäftigt	[‚bə'ʃɛftɪçt]
despedir, demitir (vt)	kündigen (vt)	['kʏndɪgən]
demissão (f)	Kündigung (f)	['kʏndɪgʊŋ]
desemprego (m)	Arbeitslosigkeit (f)	['aʁbaɪts‚lo:zɪçkaɪt]
desempregado (m)	Arbeitslose (f)	['aʁbaɪts‚lo:zə]
reforma (f)	Rente (f), Ruhestand (m)	['ʁɛntə], ['ʁu:ə‚ʃtant]
reformar-se	in Rente gehen	[ɪn 'ʁɛntə 'ge:ən]

86. Gente de negócios

diretor (m)	Direktor (m)	[di'ʁɛkto:ɐ]
gerente (m)	Leiter (m)	['laɪtɐ]
patrão, chefe (m)	Boss (m)	[bɔs]
superior (m)	Vorgesetzte (m)	['fo:ɐgə‚zɛtstə]
superiores (m pl)	Vorgesetzten (pl)	['fo:ɐgə‚zɛtstən]
presidente (m)	Präsident (m)	[pʁɛzi'dɛnt]
presidente (m) de direção	Vorsitzende (m)	['fo:ɐ‚zɪtsəndə]
substituto (m)	Stellvertreter (m)	['ʃtɛlfɛɐ‚tʁe:tɐ]
assistente (m)	Helfer (m)	['hɛlfɐ]

secretário (m)	**Sekretär** (m)	[zekʀe'tɛːɐ]
secretário (m) pessoal	**Privatsekretär** (m)	[pʀi'vaːt·zekʀe'tɛːɐ]
homem (m) de negócios	**Geschäftsmann** (m)	[gə'ʃɛfts͵man]
empresário (m)	**Unternehmer** (m)	[͵ʊnte'neːme]
fundador (m)	**Gründer** (m)	['gʀʏnde]
fundar (vt)	**gründen** (vt)	['gʀʏndən]
fundador, sócio (m)	**Gründungsmitglied** (n)	['gʀʏndʊŋs͵mɪtgliːt]
parceiro, sócio (m)	**Partner** (m)	['paʁtne]
acionista (m)	**Aktionär** (m)	[aktsjo'nɛːɐ]
milionário (m)	**Millionär** (m)	[mɪljo'nɛːɐ]
bilionário (m)	**Milliardär** (m)	[͵mɪlɪaʁ'dɛːɐ]
proprietário (m)	**Besitzer** (m)	[bə'zɪtse]
proprietário (m) de terras	**Landbesitzer** (m)	['lantbe͵zɪtse]
cliente (m)	**Kunde** (m)	['kʊndə]
cliente (m) habitual	**Stammkunde** (m)	['ʃtam͵kʊndə]
comprador (m)	**Käufer** (m)	['kɔɪfe]
visitante (m)	**Besucher** (m)	[bə'zuːxe]
profissional (m)	**Fachmann** (m)	['fax͵man]
perito (m)	**Experte** (m)	[ɛks'pɛʁtə]
especialista (m)	**Spezialist** (m)	[ʃpetsɪa'lɪst]
banqueiro (m)	**Bankier** (m)	[baŋ'kɪe]
corretor (m)	**Makler** (m)	['maːkle]
caixa (m, f)	**Kassierer** (m)	[ka'siːʀe]
contabilista (m)	**Buchhalter** (m)	['buːx͵halte]
guarda (m)	**Wächter** (m)	['vɛçte]
investidor (m)	**Investor** (m)	[ɪn'vɛstoːɐ]
devedor (m)	**Schuldner** (m)	['ʃʊldne]
credor (m)	**Gläubiger** (m)	['glɔɪbɪge]
mutuário (m)	**Kreditnehmer** (m)	[kʀe'diːt͵neːme]
importador (m)	**Importeur** (m)	[ɪmpɔʁ'tøːɐ]
exportador (m)	**Exporteur** (m)	[ɛkspɔʁ'tøːɐ]
produtor (m)	**Hersteller** (m)	['heːe͵ʃtɛle]
distribuidor (m)	**Distributor** (m)	[dɪstʀi'buːtoːɐ]
intermediário (m)	**Vermittler** (m)	[fɛɐ'mɪtle]
consultor (m)	**Berater** (m)	[bə'ʀaːte]
representante (m)	**Vertreter** (m)	[fɛɐ'tʀeːte]
agente (m)	**Agent** (m)	[agɛnt]
agente (m) de seguros	**Versicherungsagent** (m)	[fɛɐ'zɪçəʀʊŋs·a'gɛnt]

87. Profissões de serviços

cozinheiro (m)	**Koch** (m)	[kɔx]
cozinheiro chefe (m)	**Chefkoch** (m)	['ʃɛf͵kɔx]

padeiro (m)	Bäcker (m)	['bɛkɐ]
barman (m)	Barmixer (m)	['baːɐ̯ˌmɪksɐ]
empregado (m) de mesa	Kellner (m)	['kɛlnɐ]
empregada (f) de mesa	Kellnerin (f)	['kɛlnəʀɪn]

advogado (m)	Rechtsanwalt (m)	['ʀɛçtsʔanˌvalt]
jurista (m)	Jurist (m)	[juˈʀɪst]
notário (m)	Notar (m)	[noˈtaːɐ]

eletricista (m)	Elektriker (m)	[ˌeˈlɛktʀikɐ]
canalizador (m)	Klempner (m)	['klɛmpnɐ]
carpinteiro (m)	Zimmermann (m)	['tsɪmɐˌman]

massagista (m)	Masseur (m)	[maˈsøːɐ]
massagista (f)	Masseurin (f)	[maˈsøːʀɪn]
médico (m)	Arzt (m)	[aʀtst]

taxista (m)	Taxifahrer (m)	['taksiˌfaːʀɐ]
condutor (automobilista)	Fahrer (m)	['faːʀɐ]
entregador (m)	Ausfahrer (m)	['aʊsˌfaːʀɐ]

camareira (f)	Zimmermädchen (n)	['tsɪmɐˌmɛːtçən]
guarda (m)	Wächter (m)	['vɛçtɐ]
hospedeira (f) de bordo	Flugbegleiterin (f)	['fluːk·bəˌglaɪtəʀɪn]

professor (m)	Lehrer (m)	['leːʀɐ]
bibliotecário (m)	Bibliothekar (m)	[biblioteˌkaːɐ]
tradutor (m)	Übersetzer (m)	[ˌyːbɐˈzɛtsɐ]
intérprete (m)	Dolmetscher (m)	['dɔlmɛtʃɐ]
guia (pessoa)	Fremdenführer (m)	['fʀɛmdənˌfyːʀɐ]

cabeleireiro (m)	Friseur (m)	[fʀiˈzøːɐ]
carteiro (m)	Briefträger (m)	['bʀiːfˌtʀɛːgɐ]
vendedor (m)	Verkäufer (m)	[fɛɐˈkɔɪfɐ]

jardineiro (m)	Gärtner (m)	['gɛʀtnɐ]
criado (m)	Diener (m)	['diːnɐ]
criada (f)	Magd (f)	[maːkt]
empregada (f) de limpeza	Putzfrau (f)	['pʊtsˌfʀaʊ]

88. Profissões militares e postos

soldado (m) raso	einfacher Soldat (m)	['aɪnfaxɐ zɔlˈdaːt]
sargento (m)	Feldwebel (m)	['fɛltˌveːbəl]
tenente (m)	Leutnant (m)	['lɔɪtnant]
capitão (m)	Hauptmann (m)	['haʊptman]

major (m)	Major (m)	[maˈjoːɐ]
coronel (m)	Oberst (m)	['oːbəst]
general (m)	General (m)	[genəˈʀaːl]
marechal (m)	Marschall (m)	['maʀʃal]
almirante (m)	Admiral (m)	[ˌatmiˈʀaːl]
militar (m)	Militärperson (f)	[miliˈtɛːɐ̯ˌpɛʀˈzoːn]
soldado (m)	Soldat (m)	[zɔlˈdaːt]

| oficial (m) | Offizier (m) | [ɔfi'tsi:ɐ] |
| comandante (m) | Kommandeur (m) | [kɔman'dø:ɐ] |

guarda (m) fronteiriço	Grenzsoldat (m)	['gʀɛnts·zɔl,da:t]
operador (m) de rádio	Funker (m)	['fʊŋkɐ]
explorador (m)	Aufklärer (m)	['aʊf,klɛ:ʀɐ]
sapador (m)	Pionier (m)	[pɪo'ni:ɐ]
atirador (m)	Schütze (m)	['ʃʏtsə]
navegador (m)	Steuermann (m)	['ʃtɔɪɐ,man]

89. Oficiais. Padres

| rei (m) | König (m) | ['kø:nɪç] |
| rainha (f) | Königin (f) | ['kø:nɪgɪn] |

| príncipe (m) | Prinz (m) | [pʀɪnts] |
| princesa (f) | Prinzessin (f) | [pʀɪn'tsɛsɪn] |

| czar (m) | Zar (m) | [tsa:ɐ] |
| czarina (f) | Zarin (f) | ['tsa:ʀɪn] |

presidente (m)	Präsident (m)	[pʀɛzi'dɛnt]
ministro (m)	Minister (m)	[mi'nɪstɐ]
primeiro-ministro (m)	Ministerpräsident (m)	[mi'nɪstɐ·pʀɛzi,dɛnt]
senador (m)	Senator (m)	[ze'na:to:ɐ]

diplomata (m)	Diplomat (m)	[,diplo'ma:t]
cônsul (m)	Konsul (m)	['kɔnzʊl]
embaixador (m)	Botschafter (m)	['bo:tʃaftɐ]
conselheiro (m)	Ratgeber (m)	['ʀa:t,ge:bɐ]

funcionário (m)	Beamte (m)	[bə'ʔamtə]
prefeito (m)	Präfekt (m)	[pʀɛ'fɛkt]
Presidente (m) da Càmara	Bürgermeister (m)	['bʏʀgɐ,maɪstɐ]

| juiz (m) | Richter (m) | ['ʀɪçtɐ] |
| procurador (m) | Staatsanwalt (m) | ['ʃta:ts?an,valt] |

missionário (m)	Missionar (m)	[,mɪsjo'na:ɐ]
monge (m)	Mönch (m)	[mœnç]
abade (m)	Abt (m)	[apt]
rabino (m)	Rabbiner (m)	[ʀa'bi:nɐ]

vizir (m)	Wesir (m)	[ve'zi:ɐ]
xá (m)	Schah (n)	[ʃaχ]
xeque (m)	Scheich (m)	[ʃaɪç]

90. Profissões agrícolas

apicultor (m)	Bienenzüchter (m)	['bi:nən,tsʏçtɐ]
pastor (m)	Hirt (m)	[hɪʁt]
agrónomo (m)	Agronom (m)	[agʀo'no:m]

| criador (m) de gado | Viehzüchter (m) | ['fi:ˌtsʏçtɐ] |
| veterinário (m) | Tierarzt (m) | ['ti:ɐˌʔaʁtst] |

agricultor (m)	Farmer (m)	['faʁmɐ]
vinicultor (m)	Winzer (m)	['vɪntsɐ]
zoólogo (m)	Zoologe (m)	[tsoo'lo:gə]
cowboy (m)	Cowboy (m)	['kaʊbɔɪ]

91. Profissões artísticas

| ator (m) | Schauspieler (m) | ['ʃaʊˌʃpi:lɐ] |
| atriz (f) | Schauspielerin (f) | ['ʃaʊˌʃpi:ləʁɪn] |

| cantor (m) | Sänger (m) | ['zɛŋɐ] |
| cantora (f) | Sängerin (f) | ['zɛŋəʁɪn] |

| bailarino (m) | Tänzer (m) | ['tɛntsɐ] |
| bailarina (f) | Tänzerin (f) | ['tɛntsəʁɪn] |

| artista (m) | Künstler (m) | ['kʏnstlɐ] |
| artista (f) | Künstlerin (f) | ['kʏnstləʁɪn] |

músico (m)	Musiker (m)	['mu:zikɐ]
pianista (m)	Pianist (m)	[pɪa'nɪst]
guitarrista (m)	Gitarrist (m)	[gita'ʁɪst]

maestro (m)	Dirigent (m)	[ˌdiʁi'gɛnt]
compositor (m)	Komponist (m)	[ˌkɔmpo'nɪst]
empresário (m)	Manager (m)	['mɛnɪdʒɐ]

realizador (m)	Regisseur (m)	[ʁeʒɪ'søːɐ]
produtor (m)	Produzent (m)	[pʁodu'tsɛnt]
argumentista (m)	Drehbuchautor (m)	['dʁeːbu:χˌʔaʊto:ɐ]
crítico (m)	Kritiker (m)	['kʁi:tɪkɐ]

escritor (m)	Schriftsteller (m)	['ʃʁɪftˌʃtɛlɐ]
poeta (m)	Dichter (m)	['dɪçtɐ]
escultor (m)	Bildhauer (m)	['bɪltˌhaʊɐ]
pintor (m)	Maler (m)	['ma:lɐ]

malabarista (m)	Jongleur (m)	[ʒɔŋ'gløːɐ]
palhaço (m)	Clown (m)	[klaʊn]
acrobata (m)	Akrobat (m)	[akʁo'ba:t]
mágico (m)	Zauberkünstler (m)	['tsaʊbɐˌkʏnstlɐ]

92. Várias profissões

médico (m)	Arzt (m)	[aʁtst]
enfermeira (f)	Krankenschwester (f)	[kʁaŋkənˌʃvɛstɐ]
psiquiatra (m)	Psychiater (m)	[psy'çɪa:tɐ]
estomatologista (m)	Zahnarzt (m)	['tsa:nˌʔaʁtst]
cirurgião (m)	Chirurg (m)	[çi'ʁʊʁk]

astronauta (m)	Astronaut (m)	[astʀo'naʊt]
astrónomo (m)	Astronom (m)	[astʀo'noːm]
piloto (m)	Pilot (m)	[pi'loːt]
motorista (m)	Fahrer (m)	['faːʀɐ]
maquinista (m)	Lokführer (m)	['lɔkˌfyːʀɐ]
mecànico (m)	Mechaniker (m)	[me'çaːnikɐ]
mineiro (m)	Bergarbeiter (m)	['bɛʀkʔaʀˌbaɪtɐ]
operário (m)	Arbeiter (m)	['aʀbaɪtɐ]
serralheiro (m)	Schlosser (m)	['ʃlɔsɐ]
marceneiro (m)	Tischler (m)	['tɪʃlɐ]
torneiro (m)	Dreher (m)	['dʀeːɐ]
construtor (m)	Bauarbeiter (m)	['baʊʔaʀˌbaɪtɐ]
soldador (m)	Schweißer (m)	['ʃvaɪsɐ]
professor (m) catedrático	Professor (m)	[pʀo'fɛsoːɐ]
arquiteto (m)	Architekt (m)	[aʀçi'tɛkt]
historiador (m)	Historiker (m)	[hɪs'toːʀikɐ]
cientista (m)	Wissenschaftler (m)	['vɪsənˌʃaftlɐ]
físico (m)	Physiker (m)	['fyːzikɐ]
químico (m)	Chemiker (m)	['çeːmikɐ]
arqueólogo (m)	Archäologe (m)	[aʀçɛo'loːgə]
geólogo (m)	Geologe (m)	[geo'loːgə]
pesquisador (cientista)	Forscher (m)	['fɔʀʃɐ]
babysitter (f)	Kinderfrau (f)	['kɪndɐˌfʀaʊ]
professor (m)	Lehrer (m)	['leːʀɐ]
redator (m)	Redakteur (m)	[ʀedak'tøːɐ]
redator-chefe (m)	Chefredakteur (m)	['ʃɛfˑʀedakˌtøːɐ]
correspondente (m)	Korrespondent (m)	[kɔʀɛspɔn'dɛnt]
datilógrafa (f)	Schreibkraft (f)	['ʃʀaɪpˌkʀaft]
designer (m)	Designer (m)	[di'zaɪnɐ]
especialista (m) em informática	Computerspezialist (m)	[kɔm'pjuːtɐˑʃpetsɪa'lɪst]
programador (m)	Programmierer (m)	[pʀogʀa'miːʀɐ]
engenheiro (m)	Ingenieur (m)	[ɪnʒe'nɪøːɐ]
marujo (m)	Seemann (m)	['zeːman]
marinheiro (m)	Matrose (m)	[ma'tʀoːzə]
salvador (m)	Retter (m)	['ʀɛtɐ]
bombeiro (m)	Feuerwehrmann (m)	['fɔɪɐveːɐˌman]
polícia (m)	Polizist (m)	[poli'tsɪst]
guarda-noturno (m)	Nachtwächter (m)	['naxtˌvɛçtɐ]
detetive (m)	Detektiv (m)	[detɛk'tiːf]
funcionário (m) da alfândega	Zollbeamter (m)	['tsɔlˑbəˌʔamtɐ]
guarda-costas (m)	Leibwächter (m)	['laɪpˌvɛçtɐ]
guarda (m) prisional	Gefängniswärter (m)	[gə'fɛŋnɪsˑvɛʀtɐ]
inspetor (m)	Inspektor (m)	[ɪn'spɛktoːɐ]
desportista (m)	Sportler (m)	['ʃpɔʀtlɐ]
treinador (m)	Trainer (m)	['tʀɛːnɐ]

talhante (m)	Fleischer (m)	['flaɪʃə]
sapateiro (m)	Schuster (m)	['ʃuːstə]
comerciante (m)	Geschäftsmann (m)	[gə'ʃɛftsˌman]
carregador (m)	Ladearbeiter (m)	['laːdəˌaʁbaɪtə]
estilista (m)	Modedesigner (m)	['moːdə·di'zaɪnə]
modelo (f)	Modell (n)	[mo'dɛl]

93. Ocupações. Estatuto social

aluno, escolar (m)	Schüler (m)	['ʃyːlə]
estudante (~ universitária)	Student (m)	[ʃtu'dɛnt]
filósofo (m)	Philosoph (m)	[filo'zoːf]
economista (m)	Ökonom (m)	[øko'noːm]
inventor (m)	Erfinder (m)	[ɛɐ'fɪndə]
desempregado (m)	Arbeitslose (m)	['aʁbaɪtsˌloːzə]
reformado (m)	Rentner (m)	['ʁɛntnə]
espião (m)	Spion (m)	[ʃpi'oːn]
preso (m)	Gefangene (m)	[gə'faŋənə]
grevista (m)	Streikender (m)	['ʃtʁaɪkəndə]
burocrata (m)	Bürokrat (m)	[ˌbyʁo'kʁaːt]
viajante (m)	Reisende (m)	['ʁaɪzəndə]
homossexual (m)	Homosexuelle (m)	[homozɛ'ksuɛlə]
hacker (m)	Hacker (m)	['hɛkə]
hippie	Hippie (m)	['hɪpi]
bandido (m)	Bandit (m)	[ban'diːt]
assassino (m) a soldo	Killer (m)	['kɪlə]
toxicodependente (m)	Drogenabhängiger (m)	['dʁoːgənˌʔaphɛŋɪgə]
traficante (m)	Drogenhändler (m)	['dʁoːgənˌhɛndlə]
prostituta (f)	Prostituierte (f)	[ˌpʁostitu'iːetə]
chulo (m)	Zuhälter (m)	['tsuːˌhɛltə]
bruxo (m)	Zauberer (m)	['tsaʊbəʁə]
bruxa (f)	Zauberin (f)	['tsaʊbəʁɪn]
pirata (m)	Seeräuber (m)	['zeːˌʁɔɪbə]
escravo (m)	Sklave (m)	['sklaːvə]
samurai (m)	Samurai (m)	[zamu'ʁaɪ]
selvagem (m)	Wilde (m)	['vɪldə]

Educação

94. Escola

escola (f)	Schule (f)	['ʃuːlə]
diretor (m) de escola	Schulleiter (m)	['ʃuːlˌlaɪtə]
aluno (m)	Schüler (m)	['ʃyːlɐ]
aluna (f)	Schülerin (f)	['ʃyːlərɪn]
escolar (m)	Schuljunge (m)	['ʃuːlˌjʊŋə]
escolar (f)	Schulmädchen (f)	['ʃuːlˌmɛːtçən]
ensinar (vt)	lehren (vt)	['leːʀən]
aprender (vt)	lernen (vt)	['lɛʀnən]
aprender de cor	auswendig lernen	['aʊsˌvɛndɪç 'lɛʀnən]
estudar (vi)	lernen (vi)	['lɛʀnən]
andar na escola	in der Schule sein	[ɪn deːɐ 'ʃuːlə zaɪn]
ir â escola	die Schule besuchen	[di 'ʃuːlə bə'zuːxən]
alfabeto (m)	Alphabet (n)	[alfa'beːt]
disciplina (f)	Fach (n)	[faχ]
sala (f) de aula	Klassenraum (m)	['klasənˌʀaʊm]
lição (f)	Stunde (f)	['ʃtʊndə]
recreio (m)	Pause (f)	['paʊzə]
toque (m)	Schulglocke (f)	['ʃuːlˌglɔkə]
carteira (f)	Schulbank (f)	['ʃuːlˌbaŋk]
quadro (m) negro	Tafel (f)	['taːfəl]
nota (f)	Note (f)	['noːtə]
boa nota (f)	gute Note (f)	['guːtə 'noːtə]
nota (f) baixa	schlechte Note (f)	['ʃlɛçtə 'noːtə]
dar uma nota	eine Note geben	['aɪnə 'noːtə 'geːbən]
erro (m)	Fehler (m)	['feːlɐ]
fazer erros	Fehler machen	['feːlɐ 'maxən]
corrigir (vt)	korrigieren (vt)	[kɔʀi'giːʀən]
cábula (f)	Spickzettel (m)	['ʃpɪkˌtsɛtəl]
dever (m) de casa	Hausaufgabe (f)	['haʊsʔaʊfˌgaːbə]
exercício (m)	Übung (f)	['yːbʊŋ]
estar presente	anwesend sein	['anˌveːzənt zaɪn]
estar ausente	fehlen (vi)	['feːlən]
faltar âs aulas	versäumen (vt)	[fɛɐ'zɔɪmən]
punir (vt)	bestrafen (vt)	[bə'ʃtʀaːfən]
punição (f)	Strafe (f)	['ʃtʀaːfə]
comportamento (m)	Benehmen (n)	[bə'neːmən]

boletim (m) escolar	**Zeugnis** (n)	['tsɔɪknɪs]
lápis (m)	**Bleistift** (m)	['blaɪˌʃtɪft]
borracha (f)	**Radiergummi** (m)	[ʀa'di:ɐˌgumi]
giz (m)	**Kreide** (f)	['kʀaɪdə]
estojo (m)	**Federkasten** (m)	['fe:dəˌkastən]

pasta (f) escolar	**Schulranzen** (m)	['ʃu:lˌʀantsən]
caneta (f)	**Kugelschreiber, Stift** (m)	['ku:gəlˌʃʀaɪbɐ], [ʃtɪft]
caderno (m)	**Heft** (n)	[hɛft]
manual (m) escolar	**Lehrbuch** (n)	['le:ɐˌbu:χ]
compasso (m)	**Zirkel** (m)	['tsɪʀkəl]

traçar (vt)	**zeichnen** (vt)	['tsaɪçnən]
desenho (m) técnico	**Zeichnung** (f)	['tsaɪçnʊŋ]

poesia (f)	**Gedicht** (n)	[gə'dɪçt]
de cor	**auswendig**	['aʊsˌvɛndɪç]
aprender de cor	**auswendig lernen**	['aʊsˌvɛndɪç 'lɛʀnən]

férias (f pl)	**Ferien** (pl)	['fe:ʀɪən]
estar de férias	**in den Ferien sein**	[ɪn dən 'fe:ʀɪən zaɪn]
passar as férias	**Ferien verbringen**	['fe:ʀɪən fɛɐ'bʀɪŋən]

teste (m)	**Test** (m), **Prüfung** (f)	[tɛst], ['pʀy:fʊŋ]
composição, redação (f)	**Aufsatz** (m)	['aʊfˌzats]
ditado (m)	**Diktat** (n)	[dɪk'ta:t]
exame (m)	**Prüfung** (f)	['pʀy:fʊŋ]
fazer exame	**Prüfungen ablegen**	['pʀy:fʊŋən 'apˌle:gən]
experiência (~ química)	**Experiment** (n)	[ɛkspeʀi'mɛnt]

95. Colégio. Universidade

academia (f)	**Akademie** (f)	[akade'mi:]
universidade (f)	**Universität** (f)	[univɛʀzi'tɛ:t]
faculdade (f)	**Fakultät** (f)	[fakʊl'tɛ:t]

estudante (m)	**Student** (m)	[ʃtu'dɛnt]
estudante (f)	**Studentin** (f)	[ʃtu'dɛntɪn]
professor (m)	**Lehrer** (m)	['le:ʀɐ]

sala (f) de palestras	**Hörsaal** (m)	['hø:ɐˌza:l]
graduado (m)	**Hochschulabsolvent** (m)	['ho:χʃu:l?apzɔlˌvɛnt]

diploma (m)	**Diplom** (n)	[di'plo:m]
tese (f)	**Dissertation** (f)	[dɪsɛʀta'tsjo:n]

estudo (obra)	**Forschung** (f)	['foʀʃʊŋ]
laboratório (m)	**Labor** (n)	[la'bo:ɐ]

palestra (f)	**Vorlesung** (f)	['fo:ɐˌle:zʊŋ]
colega (m) de curso	**Kommilitone** (m)	[ˌkɔmili'to:nə]

bolsa (f) de estudos	**Stipendium** (n)	[ʃti'pɛndɪʊm]
grau (m) académico	**akademischer Grad** (m)	[aka'de:mɪʃe gʀa:t]

96. Ciências. Disciplinas

matemática (f)	Mathematik (f)	[matema'ti:k]
álgebra (f)	Algebra (f)	['algebʀa]
geometria (f)	Geometrie (f)	[ˌgeome'tʀi:]

astronomia (f)	Astronomie (f)	[astʀono'mi:]
biologia (f)	Biologie (f)	[ˌbiolo'gi:]
geografia (f)	Erdkunde (f)	['e:ɐtˌkʊndə]
geologia (f)	Geologie (f)	[ˌgeolo'gi:]
história (f)	Geschichte (f)	[gə'ʃɪçtə]

medicina (f)	Medizin (f)	[medi'tsi:n]
pedagogia (f)	Pädagogik (f)	[pɛda'go:gɪk]
direito (m)	Recht (n)	[ʀɛçt]

física (f)	Physik (f)	[fy'zi:k]
química (f)	Chemie (f)	[çe'mi:]
filosofia (f)	Philosophie (f)	[filozo'fi:]
psicologia (f)	Psychologie (f)	[psyçolo'gi:]

97. Sistema de escrita. Ortografia

gramática (f)	Grammatik (f)	[gʀa'matɪk]
vocabulário (m)	Lexik (f)	['lɛksɪk]
fonética (f)	Phonetik (f)	[fo:'ne:tɪk]

substantivo (m)	Substantiv (n)	['zʊpstanti:f]
adjetivo (m)	Adjektiv (n)	['atjɛkti:f]
verbo (m)	Verb (n)	[vɛʁp]
advérbio (m)	Adverb (n)	[at'vɛʁp]

pronome (m)	Pronomen (n)	[pʀo'no:mən]
interjeição (f)	Interjektion (f)	[ˌɪntɛjɛk'tsjo:n]
preposição (f)	Präposition (f)	[pʀɛpozi'tsjo:n]

raiz (f) da palavra	Wurzel (f)	['vʊʁtsəl]
terminação (f)	Endung (f)	['ɛndʊŋ]
prefixo (m)	Vorsilbe (f)	['fo:ɐˌzɪlbə]
sílaba (f)	Silbe (f)	['zɪlbə]
sufixo (m)	Suffix (n), Nachsilbe (f)	['zufɪks], ['na:χˌzɪlbə]

| acento (m) | Betonung (f) | [bə'to:nʊŋ] |
| apóstrofo (m) | Apostroph (m) | [apo'stʀo:f] |

ponto (m)	Punkt (m)	[pʊŋkt]
vírgula (f)	Komma (n)	['kɔma]
ponto e vírgula (m)	Semikolon (n)	[zemi'ko:lɔn]
dois pontos (m pl)	Doppelpunkt (m)	['dɔpəlˌpʊŋkt]
reticências (f pl)	Auslassungspunkte (pl)	['aʊslasʊŋsˌpʊŋktə]

| ponto (m) de interrogação | Fragezeichen (n) | ['fʀa:gəˌtsaɪçən] |
| ponto (m) de exclamação | Ausrufezeichen (n) | ['aʊsʀu:fəˌtsaɪçən] |

aspas (f pl)	Anführungszeichen (pl)	['anfy:ʀʊŋs͵tsaɪçən]
entre aspas	in Anführungszeichen	[ɪn 'anfy:ʀʊŋs͵tsaɪçən]
parênteses (m pl)	runde Klammern (pl)	['ʀʊndə 'klamən]
entre parênteses	in Klammern	[ɪn 'klamən]
hífen (m)	Bindestrich (m)	['bɪndəʃtʀɪç]
travessão (m)	Gedankenstrich (m)	[gə'daŋkənʃtʀɪç]
espaço (m)	Leerzeichen (n)	['le:ɐ͵tsaɪçən]
letra (f)	Buchstabe (m)	['bu:χʃta:bə]
letra (f) maiúscula	Großbuchstabe (m)	['gʀo:sbu:χʃta:bə]
vogal (f)	Vokal (m)	[vo'ka:l]
consoante (f)	Konsonant (m)	[͵kɔnzo'nant]
frase (f)	Satz (m)	[zats]
sujeito (m)	Subjekt (n)	['zʊpjɛkt]
predicado (m)	Prädikat (n)	[pʀɛdi'ka:t]
linha (f)	Zeile (f)	['tsaɪlə]
em uma nova linha	in einer neuen Zeile	[ɪn 'aɪnɐ 'nɔɪən 'tsaɪlə]
parágrafo (m)	Absatz (m)	['ap͵zats]
palavra (f)	Wort (n)	[vɔʀt]
grupo (m) de palavras	Wortverbindung (f)	['vɔʀtfɛɐ͵bɪndʊŋ]
expressão (f)	Redensart (f)	['ʀe:dəns͵ʔa:ɐt]
sinónimo (m)	Synonym (n)	[zyno'ny:m]
antónimo (m)	Antonym (n)	[anto'ny:m]
regra (f)	Regel (f)	['ʀe:gəl]
exceção (f)	Ausnahme (f)	['aʊs͵na:mə]
correto	richtig	['ʀɪçtɪç]
conjugação (f)	Konjugation (f)	[͵kɔnjuga'tsjo:n]
declinação (f)	Deklination (f)	[͵deklina'tsjo:n]
caso (m)	Kasus (m)	['ka:zʊs]
pergunta (f)	Frage (f)	['fʀa:gə]
sublinhar (vt)	unterstreichen (vt)	[͵ʊntɐ'ʃtʀaɪçən]
linha (f) pontilhada	punktierte Linie (f)	[pʊŋk'ti:ɐtə 'li:nɪə]

98. Línguas estrangeiras

língua (f)	Sprache (f)	['ʃpʀa:χə]
estrangeiro	Fremd-	['fʀɛmt]
língua (f) estrangeira	Fremdsprache (f)	['fʀɛmtʃpʀa:χə]
estudar (vt)	studieren (vt)	[ʃtu'di:ʀən]
aprender (vt)	lernen (vt)	['lɛʀnən]
ler (vt)	lesen (vi, vt)	['le:zən]
falar (vi)	sprechen (vi, vt)	['ʃpʀɛçən]
compreender (vt)	verstehen (vt)	[fɛɐ'ʃte:ən]
escrever (vt)	schreiben (vi, vt)	['ʃʀaɪbən]
rapidamente	schnell	[ʃnɛl]
devagar	langsam	['laŋza:m]

fluentemente	fließend	['fli:sənt]
regras (f pl)	Regeln (pl)	['ʀe:gəln]
gramática (f)	Grammatik (f)	[gʀa'matɪk]
vocabulário (m)	Vokabular (n)	[vokabu'la:ɐ]
fonética (f)	Phonetik (f)	[fo:'ne:tɪk]

manual (m) escolar	Lehrbuch (n)	['le:ɐˌbu:χ]
dicionário (m)	Wörterbuch (n)	['vœʁtɐˌbu:χ]
manual (m) de autoaprendizagem	Selbstlernbuch (n)	['zɛlpstˌlɛʀnbu:χ]
guia (m) de conversação	Sprachführer (m)	['ʃpʀa:χˌfy:ʀɐ]

cassete (f)	Kassette (f)	[ka'sɛtə]
vídeo cassete (m)	Videokassette (f)	['vi:deo·ka'sɛtə]
CD (m)	CD (f)	[tse:'de:]
DVD (m)	DVD (f)	[defaʊ'de:]

alfabeto (m)	Alphabet (n)	[alfa'be:t]
soletrar (vt)	buchstabieren (vt)	[ˌbu:χʃta'bi:ʀən]
pronúncia (f)	Aussprache (f)	['aʊsˌʃpʀa:χə]

sotaque (m)	Akzent (m)	[ak'tsɛnt]
com sotaque	mit Akzent	[mɪt ak'tsɛnt]
sem sotaque	ohne Akzent	['o:nə ak'tsɛnt]

| palavra (f) | Wort (n) | [vɔʀt] |
| sentido (m) | Bedeutung (f) | [bə'dɔɪtʊŋ] |

cursos (m pl)	Kurse (pl)	['kʊʀzə]
inscrever-se (vr)	sich einschreiben	[zɪç 'aɪnʃʀaɪbən]
professor (m)	Lehrer (m)	['le:ʀɐ]

tradução (processo)	Übertragung (f)	[ˌy:bɐ'tʀa:gʊŋ]
tradução (texto)	Übersetzung (f)	[ˌy:bɐ'zɛtsʊŋ]
tradutor (m)	Übersetzer (m)	[ˌy:bɐ'zɛtsɐ]
intérprete (m)	Dolmetscher (m)	['dɔlmɛtʃɐ]

| poliglota (m) | Polyglott (m, f) | [poly'glɔt] |
| memória (f) | Gedächtnis (n) | [gə'dɛçtnɪs] |

Descanso. Entretenimento. Viagens

99. Viagens

turismo (m)	**Tourismus** (m)	[tu'ʀɪsmʊs]
turista (m)	**Tourist** (m)	[tu'ʀɪst]
viagem (f)	**Reise** (f)	['ʀaɪzə]
aventura (f)	**Abenteuer** (n)	['a:bəntɔɪɐ]
viagem (f)	**Fahrt** (f)	[fa:ɐt]
férias (f pl)	**Urlaub** (m)	['u:ɐ̯laʊp]
estar de férias	**auf Urlaub sein**	[aʊf 'u:ɐ̯laʊp zaɪn]
descanso (m)	**Erholung** (f)	[ɛɐ'ho:lʊŋ]
comboio (m)	**Zug** (m)	[tsu:k]
de comboio (chegar ~)	**mit dem Zug**	[mɪt dem tsu:k]
avião (m)	**Flugzeug** (n)	['flu:k̩tsɔɪk]
de avião	**mit dem Flugzeug**	[mɪt dem 'flu:k̩tsɔɪk]
de carro	**mit dem Auto**	[mɪt dem 'aʊto]
de navio	**mit dem Schiff**	[mɪt dem ʃɪf]
bagagem (f)	**Gepäck** (n)	[gə'pɛk]
mala (f)	**Koffer** (m)	['kɔfɐ]
carrinho (m)	**Gepäckwagen** (m)	[gə'pɛk̩va:gən]
passaporte (m)	**Pass** (m)	[pas]
visto (m)	**Visum** (n)	['vi:zʊm]
bilhete (m)	**Fahrkarte** (f)	['fa:ɐ̯kaʀtə]
bilhete (m) de avião	**Flugticket** (n)	['flu:k̩tɪkət]
guia (m) de viagem	**Reiseführer** (m)	['ʀaɪzə̩fy:ʀɐ]
mapa (m)	**Landkarte** (f)	['lant̩kaʀtə]
local (m), area (f)	**Gegend** (f)	['ge:gənt]
lugar, sítio (m)	**Ort** (m)	[ɔʀt]
exotismo (m)	**Exotika** (pl)	[ɛ'kso:tika]
exótico	**exotisch**	[ɛ'kso:tɪʃ]
surpreendente	**erstaunlich**	[ɛɐ'ʃtaʊnlɪç]
grupo (m)	**Gruppe** (f)	['gʀʊpə]
excursão (f)	**Ausflug** (m)	['aʊs̩flu:k]
guia (m)	**Reiseleiter** (m)	['ʀaɪzə̩laɪtɐ]

100. Hotel

hotel (m)	**Hotel** (n)	[ho'tɛl]
motel (m)	**Motel** (n)	[mo'tɛl]
três estrelas	**drei Sterne**	[dʀaɪ 'ʃtɛʀnə]

| cinco estrelas | fünf Sterne | [fʏnf 'ʃtɛʁnə] |
| ficar (~ num hotel) | absteigen (vi) | ['apʃtaɪgən] |

quarto (m)	Hotelzimmer (n)	[ho'tɛlˌtsɪmɐ]
quarto (m) individual	Einzelzimmer (n)	['aɪntsəlˌtsɪmɐ]
quarto (m) duplo	Zweibettzimmer (n)	['tsvaɪbɛtˌtsɪmɐ]
reservar um quarto	reservieren (vt)	[ʀezɛʁ'vi:ʀən]

| meia pensão (f) | Halbpension (f) | ['halp·panˌzjo:n] |
| pensão (f) completa | Vollpension (f) | ['fɔl·panˌzjo:n] |

com banheira	mit Bad	[mɪt 'ba:t]
com duche	mit Dusche	[mɪt 'du:ʃə]
televisão (m) satélite	Satellitenfernsehen (n)	[zatɛ'li:tənˌfɛʁnze:ən]
ar (m) condicionado	Klimaanlage (f)	['kli:maˌʔanla:gə]
toalha (f)	Handtuch (n)	['hantˌtu:x]
chave (f)	Schlüssel (m)	['ʃlʏsəl]

administrador (m)	Verwalter (m)	[fɛʁ'valtɐ]
camareira (f)	Zimmermädchen (n)	['tsɪmɐˌmɛ:tçən]
bagageiro (m)	Träger (m)	['tʀɛ:gɐ]
porteiro (m)	Portier (m)	[pɔʁ'tɪe:]

restaurante (m)	Restaurant (n)	[ʀɛsto'ʀaŋ]
bar (m)	Bar (f)	[ba:ɐ]
pequeno-almoço (m)	Frühstück (n)	['fʀy:ʃtʏk]
jantar (m)	Abendessen (n)	['a:bəntˌʔɛsən]
buffet (m)	Buffet (n)	[bʏ'fe:]

| hall (m) de entrada | Foyer (n) | [foa'je:] |
| elevador (m) | Aufzug (m), Fahrstuhl (m) | ['aʊfˌtsu:k], ['fa:ɐˌʃtu:l] |

| NÃO PERTURBE | BITTE NICHT STÖREN! | ['bɪtə nɪçt 'ʃtø:ʀən] |
| PROIBIDO FUMAR! | RAUCHEN VERBOTEN! | ['ʀaʊxən fɛʁ'bo:tən] |

EQUIPAMENTO TÉCNICO. TRANSPORTES

Equipamento técnico. Transportes

101. Computador

computador (m)	**Computer** (m)	[kɔm'pju:tɐ]
portátil (m)	**Laptop** (m), **Notebook** (n)	['lɛptɔp], ['nɔutbʊk]
ligar (vt)	**einschalten** (vt)	['aɪnˌʃaltən]
desligar (vt)	**abstellen** (vt)	['apʃtɛlən]
teclado (m)	**Tastatur** (f)	[tasta'tu:ɐ]
tecla (f)	**Taste** (f)	['tastə]
rato (m)	**Maus** (f)	[maʊs]
tapete (m) de rato	**Mousepad** (n)	['maʊspɛt]
botão (m)	**Knopf** (m)	[knɔpf]
cursor (m)	**Cursor** (m)	['kø:ɐzɐ]
monitor (m)	**Monitor** (m)	['mo:nito:ɐ]
ecrã (m)	**Schirm** (m)	[ʃɪɐm]
disco (m) rígido	**Festplatte** (f)	['fɛstplatə]
capacidade (f) do disco rígido	**Festplattengröße** (f)	['fɛstplatənˌɡrø:sə]
memória (f)	**Speicher** (m)	['ʃpaɪçɐ]
memória (f) operativa	**Arbeitsspeicher** (m)	['aɐbaɪtsˌʃpaɪçɐ]
ficheiro (m)	**Datei** (f)	[da'taɪ]
pasta (f)	**Ordner** (m)	['ɔɐdnɐ]
abrir (vt)	**öffnen** (vt)	['œfnən]
fechar (vt)	**schließen** (vt)	['ʃli:sən]
guardar (vt)	**speichern** (vt)	['ʃpaɪçɐn]
apagar, eliminar (vt)	**löschen** (vt)	['lœʃən]
copiar (vt)	**kopieren** (vt)	[ko'pi:rən]
ordenar (vt)	**sortieren** (vt)	[zɔɐ'ti:rən]
copiar (vt)	**transferieren** (vt)	[transfə'ri:rən]
programa (m)	**Programm** (n)	[pro'gram]
software (m)	**Software** (f)	['sɔftwɛ:ɐ]
programador (m)	**Programmierer** (m)	[progra'mi:rɐ]
programar (vt)	**programmieren** (vt)	[progra'mi:rən]
hacker (m)	**Hacker** (m)	['hɛkɐ]
senha (f)	**Kennwort** (n)	['kɛnˌvɔɐt]
vírus (m)	**Virus** (m, n)	['vi:rʊs]
detetar (vt)	**entdecken** (vt)	[ɛnt'dɛkən]
byte (m)	**Byte** (n)	[baɪt]

megabyte (m)	**Megabyte** (n)	['me:ga͵baɪt]
dados (m pl)	**Daten** (pl)	['da:tən]
base (f) de dados	**Datenbank** (f)	['da:tən͵baŋk]
cabo (m)	**Kabel** (n)	['ka:bəl]
desconectar (vt)	**trennen** (vt)	['tRɛnən]
conetar (vt)	**anschließen** (vt)	['anʃli:sən]

102. Internet. E-mail

internet (f)	**Internet** (n)	['ɪntenɛt]
browser (m)	**Browser** (m)	['bʀaʊzə]
motor (m) de busca	**Suchmaschine** (f)	['zu:χ·maʃi:nə]
provedor (m)	**Provider** (m)	[͵pʀo'vaɪdə]
webmaster (m)	**Webmaster** (m)	['vɛp͵ma:stə]
website, sítio web (m)	**Website** (f)	['vɛp͵saɪt]
página (f) web	**Webseite** (f)	['vɛp͵zaɪtə]
endereço (m)	**Adresse** (f)	[a'dʀɛsə]
livro (m) de endereços	**Adressbuch** (n)	[a'dʀɛs͵bu:χ]
caixa (f) de correio	**Mailbox** (f)	['mɛjl͵bɔks]
correio (m)	**Post** (f)	[pɔst]
cheia (caixa de correio)	**überfüllt**	[y:bɐ'fʏlt]
mensagem (f)	**Mitteilung** (f)	['mɪt͵taɪlʊŋ]
mensagens (f pl) recebidas	**eingehenden Nachrichten**	['aɪn͵ge:əndən 'na:χʀɪçtən]
mensagens (f pl) enviadas	**ausgehenden Nachrichten**	['aʊs͵ge:əndən 'na:χʀɪçtən]
remetente (m)	**Absender** (m)	['ap͵zɛndə]
enviar (vt)	**senden** (vt)	['zɛndən]
envio (m)	**Absendung** (f)	['ap͵zɛndʊŋ]
destinatário (m)	**Empfänger** (m)	[ɛm'pfɛŋə]
receber (vt)	**empfangen** (vt)	[ɛm'pfaŋən]
correspondência (f)	**Briefwechsel** (m)	['bʀi:f͵vɛksəl]
corresponder-se (vr)	**im Briefwechsel stehen**	[ɪm 'bʀi:f͵vɛksəl 'ʃte:ən]
ficheiro (m)	**Datei** (f)	[da'taɪ]
fazer download, baixar	**herunterladen** (vt)	[hɛ'ʀʊntɐ͵la:dən]
criar (vt)	**schaffen** (vt)	['ʃafən]
apagar, eliminar (vt)	**löschen** (vt)	['lœʃən]
eliminado	**gelöscht**	[gə'lœʃt]
ligação (f)	**Verbindung** (f)	[fɛɐ'bɪndʊŋ]
velocidade (f)	**Geschwindigkeit** (f)	[gə'ʃvɪndɪç·kaɪt]
modem (m)	**Modem** (m, n)	['mo:dɛm]
acesso (m)	**Zugang** (m)	['tsu:gaŋ]
porta (f)	**Port** (m)	[pɔʁt]
conexão (f)	**Anschluss** (m)	['anʃlʊs]

conetar (vi)	sich anschließen	[zɪç 'anˌʃliːsən]
escolher (vt)	auswählen (vt)	['aʊsˌvɛːlən]
buscar (vt)	suchen (vt)	['zuːχən]

103. Eletricidade

eletricidade (f)	Elektrizität (f)	[elɛktʁitsiˈtɛːt]
elétrico	elektrisch	[eˈlɛktʁɪʃ]
central (f) elétrica	Elektrizitätswerk (n)	[elɛktʁitsiˈtɛːtsˌvɛʁk]
energia (f)	Energie (f)	[enɛʁˈgiː]
energia (f) elétrica	Strom (m)	[ʃtʁoːm]

lâmpada (f)	Glühbirne (f)	['glyːˌbɪʁnə]
lanterna (f)	Taschenlampe (f)	['taʃənˌlampə]
poste (m) de iluminação	Straßenlaterne (f)	['ʃtʁaːsən·laˌtɛʁnə]

luz (f)	Licht (n)	[lɪçt]
ligar (vt)	einschalten (vt)	['aɪnˌʃaltən]
desligar (vt)	ausschalten (vt)	['aʊsˌʃaltən]
apagar a luz	das Licht ausschalten	[das lɪçt 'aʊsˌʃaltən]

fundir (vi)	durchbrennen (vi)	['dʊʁçˌbʁɛnən]
curto-circuito (m)	Kurzschluss (m)	['kʊʁtsˌʃlʊs]
rutura (f)	Riß (m)	[ʁɪs]
contacto (m)	Kontakt (m)	[kɔnˈtakt]

interruptor (m)	Schalter (m)	['ʃaltɐ]
tomada (f)	Steckdose (f)	['ʃtɛkˌdoːzə]
ficha (f)	Stecker (m)	['ʃtɛkɐ]
extensão (f)	Verlängerung (f)	[fɛɐ̯ˈlɛŋəʁʊŋ]

fusível (m)	Sicherung (f)	['zɪçəʁʊŋ]
fio, cabo (m)	Draht (m)	[dʁaːt]
instalação (f) elétrica	Verdrahtung (f)	[fɛɐ̯ˈdʁaːtʊŋ]

ampere (m)	Ampere (n)	[amˈpeːɐ̯]
amperagem (f)	Stromstärke (f)	['ʃtʁoːmˌʃtɛʁkə]
volt (m)	Volt (n)	[vɔlt]
voltagem (f)	Voltspannung (f)	['vɔltˌʃpanʊŋ]

| aparelho (m) elétrico | Elektrogerät (n) | [eˈlɛktʁo·gəˌʁɛːt] |
| indicador (m) | Indikator (m) | [ɪndiˈkaːtoːɐ̯] |

eletricista (m)	Elektriker (m)	[ˌeˈlɛktʁikɐ]
soldar (vt)	löten (vt)	['løːtən]
ferro (m) de soldar	Lötkolben (m)	['løːtˌkɔlbən]
corrente (f) elétrica	Strom (m)	[ʃtʁoːm]

104. Ferramentas

| ferramenta (f) | Werkzeug (n) | ['vɛʁkˌtsɔɪk] |
| ferramentas (f pl) | Werkzeuge (pl) | ['vɛʁkˌtsɔɪgə] |

equipamento (m)	Ausrüstung (f)	['aʊsˌʀʏstʊŋ]
martelo (m)	Hammer (m)	['hamɐ]
chave (f) de fendas	Schraubenzieher (m)	['ʃʀaʊbəntsiːɐ]
machado (m)	Axt (f)	[akst]
serra (f)	Säge (f)	['zɛːgə]
serrar (vt)	sägen (vt)	['zɛːgən]
plaina (f)	Hobel (m)	['hoːbl̩]
aplainar (vt)	hobeln (vt)	['hoːbəln]
ferro (m) de soldar	Lötkolben (m)	['løːtˌkɔlbən]
soldar (vt)	löten (vt)	['løːtən]
lima (f)	Feile (f)	['faɪlə]
tenaz (f)	Kneifzange (f)	['knaɪfˌtsaŋə]
alicate (m)	Flachzange (f)	['flaxˌtsaŋə]
formão (m)	Stemmeisen (n)	['ʃtɛmˌʔaɪzən]
broca (f)	Bohrer (m)	['boːʀɐ]
berbequim (f)	Bohrmaschine (f)	['boːɐ·maʃiːnə]
furar (vt)	bohren (vt)	['boːʀən]
faca (f)	Messer (n)	['mɛsɐ]
lâmina (f)	Klinge (f)	['klɪŋə]
afiado	scharf	[ʃaʀf]
cego	stumpf	[ʃtʊmpf]
embotar-se (vr)	stumpf werden (vi)	[ʃtʊmpf 'veːɐdən]
afiar, amolar (vt)	schärfen (vt)	['ʃɛʀfən]
parafuso (m)	Bolzen (m)	['bɔltsən]
porca (f)	Mutter (f)	['mʊtɐ]
rosca (f)	Gewinde (n)	[gə'vɪndə]
parafuso (m) para madeira	Holzschraube (f)	['hɔltsˌʃʀaʊbə]
prego (m)	Nagel (m)	['naːgəl]
cabeça (f) do prego	Nagelkopf (m)	['naːgəlˌkɔpf]
régua (f)	Lineal (n)	[line'aːl]
fita (f) métrica	Metermaß (n)	['meːtɐˌmaːs]
nível (m)	Wasserwaage (f)	['vasɐˌvaːgə]
lupa (f)	Lupe (f)	['luːpə]
medidor (m)	Messinstrument (n)	['mɛsʔɪnstʀuˌmɛnt]
medir (vt)	messen (vt)	['mɛsən]
escala (f)	Skala (f)	['skaːla]
leitura (f)	Ablesung (f)	['apleːzʊŋ]
compressor (m)	Kompressor (m)	[kɔm'pʀɛsoːɐ]
microscópio (m)	Mikroskop (n)	[mikʀo'skoːp]
bomba (f)	Pumpe (f)	['pʊmpə]
robô (m)	Roboter (m)	['ʀɔbotɐ]
laser (m)	Laser (m)	['leːzɐ]
chave (f) de boca	Schraubenschlüssel (m)	['ʃʀaʊbənʃlʏsəl]
fita (f) adesiva	Klebeband (n)	['kleːbəˌbant]

cola (f)	Klebstoff (m)	['kle:pˌʃtɔf]
lixa (f)	Sandpapier (n)	['zant·paˌpi:ɐ]
mola (f)	Sprungfeder (f)	['ʃpʀʊŋˌfe:dɐ]
íman (m)	Magnet (m)	[ma'gne:t]
luvas (f pl)	Handschuhe (pl)	['hantʃu:ə]
corda (f)	Leine (f)	['laɪnə]
cordel (m)	Schnur (f)	[ʃnu:ɐ]
fio (m)	Draht (m)	[dʀa:t]
cabo (m)	Kabel (n)	['ka:bəl]
marreta (f)	schwerer Hammer (m)	['ʃve:ʀɐ 'hamɐ]
pé de cabra (f)	Brecheisen (n)	['bʀɛçˌʔaɪzən]
escada (f) de mão	Leiter (f)	['laɪtɐ]
escadote (m)	Trittleiter (f)	['tʀɪtˌlaɪtɐ]
enroscar (vt)	zudrehen (vt)	[tsu:'dʀe:ən]
desenroscar (vt)	abdrehen (vt)	['apˌdʀe:ən]
apertar (vt)	zusammendrücken (vt)	[tsu'zamənˌdʀʏkən]
colar (vt)	ankleben (vt)	['anˌkle:bən]
cortar (vt)	schneiden (vt)	['ʃnaɪdən]
falha (mau funcionamento)	Störung (f)	['ʃtø:ʀʊŋ]
conserto (m)	Reparatur (f)	[ʀepaʀa'tu:ɐ]
consertar, reparar (vt)	reparieren (vt)	[ʀepa'ʀi:ʀən]
regular, ajustar (vt)	einstellen (vt)	['aɪnˌʃtɛlən]
verificar (vt)	prüfen (vt)	['pʀy:fən]
verificação (f)	Prüfung (f)	['pʀy:fʊŋ]
leitura (f)	Ablesung (f)	['aple:zʊŋ]
seguro	sicher	['zɪçɐ]
complicado	kompliziert	[kɔmpli'tsi:ɐt]
enferrujar (vi)	verrosten (vi)	[fɛɐ'ʀɔstən]
enferrujado	rostig	['ʀɔstɪç]
ferrugem (f)	Rost (m)	[ʀɔst]

Transportes

105. Avião

avião (m)	Flugzeug (n)	['flu:k͜tsɔɪk]
bilhete (m) de avião	Flugticket (n)	['flu:k͜tɪkət]
companhia (f) aérea	Fluggesellschaft (f)	['flu:kgə͜zɛlʃaft]
aeroporto (m)	Flughafen (m)	['flu:k͜ha:fən]
supersónico	Überschall-	['y:bə͜ʃal]
comandante (m) do avião	Flugkapitän (m)	['flu:k·kapi͜tɛ:n]
tripulação (f)	Besatzung (f)	[bə'zatsʊŋ]
piloto (m)	Pilot (m)	[pi'lo:t]
hospedeira (f) de bordo	Flugbegleiterin (f)	['flu:k·bə͜glaɪtəʀɪn]
copiloto (m)	Steuermann (m)	['ʃtɔɪɐ͜man]
asas (f pl)	Flügel (pl)	['fly:gəl]
cauda (f)	Schwanz (m)	[ʃvants]
cabine (f) de pilotagem	Kabine (f)	[ka'bi:nə]
motor (m)	Motor (m)	['mo:to:ɐ]
trem (m) de aterragem	Fahrgestell (n)	['fa:ɐ·gə͜ʃtɛl]
turbina (f)	Turbine (f)	[tʊɐ'bi:nə]
hélice (f)	Propeller (m)	[pʀo'pɛlɐ]
caixa-preta (f)	Flugschreiber (m)	['flu:k͜ʃʀaɪbɐ]
coluna (f) de controlo	Steuerrad (n)	['ʃtɔɪɐ͜ʀa:t]
combustível (m)	Treibstoff (m)	['tʀaɪp͜ʃtɔf]
instruções (f pl) de segurança	Sicherheitskarte (f)	['zɪçɐhaɪts͜kaʀtə]
máscara (f) de oxigénio	Sauerstoffmaske (f)	['zaʊɐʃtɔf͜maskə]
uniforme (m)	Uniform (f)	['ʊni͜fɔʀm]
colete (m) salva-vidas	Rettungsweste (f)	['ʀɛtʊŋs͜vɛstə]
paraquedas (m)	Fallschirm (m)	['fal͜ʃɪɐm]
descolagem (f)	Abflug, Start (m)	['ap͜flu:k], [ʃtaʀt]
descolar (vi)	starten (vi)	['ʃtaʀtən]
pista (f) de descolagem	Startbahn (f)	['ʃtaʀtba:n]
visibilidade (f)	Sicht (f)	[zɪçt]
voo (m)	Flug (m)	[flu:k]
altura (f)	Höhe (f)	['hø:ə]
poço (m) de ar	Luftloch (n)	['lʊft͜lɔχ]
assento (m)	Platz (m)	[plats]
auscultadores (m pl)	Kopfhörer (m)	['kɔpf͜hø:ʀɐ]
mesa (f) rebatível	Klapptisch (m)	['klap͜tɪʃ]
vigia (f)	Bullauge (n)	['bʊl͜ʔaʊgə]
passagem (f)	Durchgang (m)	['dʊʀç͜gaŋ]

106. Comboio

comboio (m)	Zug (m)	[tsu:k]
comboio (m) suburbano	elektrischer Zug (m)	[e'lɛktrɪʃe tsu:k]
comboio (m) rápido	Schnellzug (m)	['ʃnɛlˌtsu:k]
locomotiva (f) diesel	Diesellok (f)	['di:zəlˌlɔk]
comboio (m) a vapor	Dampflok (f)	['dampfˌlɔk]
carruagem (f)	Personenwagen (m)	[pɛʁ'zo:nənˌva:gən]
carruagem restaurante (f)	Speisewagen (m)	['ʃpaɪzəˌva:gən]
carris (m pl)	Schienen (pl)	['ʃi:nən]
caminho de ferro (m)	Eisenbahn (f)	['aɪzən·ba:n]
travessa (f)	Bahnschwelle (f)	['ba:nʃvɛlə]
plataforma (f)	Bahnsteig (m)	['ba:nʃtaɪk]
linha (f)	Gleis (n)	['glaɪs]
semáforo (m)	Eisenbahnsignal (n)	['aɪzənba:n·zɪ'gna:l]
estação (f)	Station (f)	[ʃta'tsjo:n]
maquinista (m)	Lokführer (m)	['lɔkˌfy:ʁe]
bagageiro (m)	Träger (m)	['tʁɛ:gə]
hospedeiro, -a (da carruagem)	Schaffner (m)	['ʃafnə]
passageiro (m)	Fahrgast (m)	['fa:ɐˌgast]
revisor (m)	Kontrolleur (m)	[kɔntʁo'lø:ɐ]
corredor (m)	Flur (m)	[flu:ɐ]
freio (m) de emergência	Notbremse (f)	['no:tˌbʁɛmzə]
compartimento (m)	Abteil (n)	[ap'taɪl]
cama (f)	Liegeplatz (m), Schlafkoje (f)	['li:gəˌplats], ['ʃla:fˌko:jə]
cama (f) de cima	oberer Liegeplatz (m)	['o:bəʁe 'li:gəˌplats]
cama (f) de baixo	unterer Liegeplatz (m)	['untəʁe 'li:gəˌplats]
roupa (f) de cama	Bettwäsche (f)	['bɛtˌvɛʃə]
bilhete (m)	Fahrkarte (f)	['fa:ɐˌkaʁtə]
horário (m)	Fahrplan (m)	['fa:ɐˌpla:n]
painel (m) de informação	Anzeigetafel (f)	['antsaɪgəˌta:fəl]
partir (vt)	abfahren (vi)	['apˌfa:ʁən]
partida (f)	Abfahrt (f)	['apˌfa:ɐt]
chegar (vi)	ankommen (vi)	['anˌkɔmən]
chegada (f)	Ankunft (f)	['ankʊnft]
chegar de comboio	mit dem Zug kommen	[mɪt dem tsu:k 'kɔmən]
apanhar o comboio	in den Zug einsteigen	[ɪn den tsu:k 'aɪnʃtaɪgən]
sair do comboio	aus dem Zug aussteigen	['aʊs dem tsu:k 'aʊsʃtaɪgən]
acidente (m) ferroviário	Zugunglück (n)	['tsu:kʔʊnˌglʏk]
descarrilar (vi)	entgleisen (vi)	[ɛnt'glaɪzən]
comboio (m) a vapor	Dampflok (f)	['dampfˌlɔk]
fogueiro (m)	Heizer (m)	['haɪtsə]
fornalha (f)	Feuerbuchse (f)	['fɔɪɐˌbʊksə]
carvão (m)	Kohle (f)	['ko:lə]

107. Barco

| navio (m) | Schiff (n) | [ʃɪf] |
| embarcação (f) | Fahrzeug (n) | [ˈfaːɐ̯ˌtsɔɪk] |

vapor (m)	Dampfer (m)	[ˈdampfɐ]
navio (m)	Motorschiff (n)	[ˈmoːtoːɐ̯ˌʃɪf]
transatlântico (m)	Kreuzfahrtschiff (n)	[ˈkʁɔɪtsfaːɐ̯tˌʃɪf]
cruzador (m)	Kreuzer (m)	[ˈkʁɔɪtsɐ]

iate (m)	Jacht (f)	[jaχt]
rebocador (m)	Schlepper (m)	[ˈʃlɛpɐ]
barcaça (f)	Lastkahn (m)	[lastˌkaːn]
ferry (m)	Fähre (f)	[ˈfɛːʁə]

| veleiro (m) | Segelschiff (n) | [ˈzeːɡəlˌʃɪf] |
| bergantim (m) | Brigantine (f) | [bʁiganˈtiːnə] |

| quebra-gelo (m) | Eisbrecher (m) | [ˈaɪsˌbʁɛçɐ] |
| submarino (m) | U-Boot (n) | [ˈuːboːt] |

bote, barco (m)	Boot (n)	[ˈboːt]
bote, dingue (m)	Dingi (n)	[ˈdɪŋɡi]
bote (m) salva-vidas	Rettungsboot (n)	[ˈʁɛtʊŋsˌboːt]
lancha (f)	Motorboot (n)	[ˈmoːtoːɐ̯ˌboːt]

capitão (m)	Kapitän (m)	[kapiˈtɛn]
marinheiro (m)	Matrose (m)	[maˈtʁoːzə]
marujo (m)	Seemann (m)	[ˈzeːman]
tripulação (f)	Besatzung (f)	[bəˈzatsʊŋ]

contramestre (m)	Bootsmann (m)	[ˈboːtsman]
grumete (m)	Schiffsjunge (m)	[ˈʃɪfsjʊŋə]
cozinheiro (m) de bordo	Schiffskoch (m)	[ˈʃɪfsˌkɔχ]
médico (m) de bordo	Schiffsarzt (m)	[ˈʃɪfsˌʔaʁtst]

convés (m)	Deck (n)	[dɛk]
mastro (m)	Mast (m)	[mast]
vela (f)	Segel (n)	[zeːɡəl]

porão (m)	Schiffsraum (m)	[ˈʃɪfsˌʁaʊm]
proa (f)	Bug (m)	[buːk]
popa (f)	Heck (n)	[hɛk]
remo (m)	Ruder (n)	[ˈʁuːdɐ]
hélice (f)	Schraube (f)	[ˈʃʁaʊbə]

camarote (m)	Kajüte (f)	[kaˈjyːtə]
sala (f) dos oficiais	Messe (f)	[ˈmɛsə]
sala (f) das máquinas	Maschinenraum (m)	[maˈʃiːnənˌʁaʊm]
ponte (m) de comando	Brücke (f)	[ˈbʁʏkə]
sala (f) de comunicações	Funkraum (m)	[ˈfʊŋkˌʁaʊm]
onda (f) de rádio	Radiowelle (f)	[ˈʁaːdɪoˌvɛlə]
diário (m) de bordo	Schiffstagebuch (n)	[ˈʃɪfsˌtaːɡəbuːχ]
luneta (f)	Fernrohr (n)	[ˈfɛʁnˌʁoːɐ]
sino (m)	Glocke (f)	[ˈɡlɔkə]

bandeira (f)	Fahne (f)	['fa:nə]
cabo (m)	Seil (n)	[zaɪl]
nó (m)	Knoten (m)	['kno:tən]

| corrimão (m) | Geländer (n) | [gə'lɛndɐ] |
| prancha (f) de embarque | Treppe (f) | ['tʀɛpə] |

âncora (f)	Anker (m)	['aŋkɐ]
recolher a âncora	den Anker lichten	[den 'aŋkɐ 'lɪçtən]
lançar a âncora	Anker werfen	['aŋkɐ ˌvɛʁfən]
amarra (f)	Ankerkette (f)	['ankɐˌkɛtə]

porto (m)	Hafen (m)	['ha:fən]
cais, amarradouro (m)	Anlegestelle (f)	['anle:gəˌʃtɛlə]
atracar (vi)	anlegen (vi)	['anˌle:gən]
desatracar (vi)	abstoßen (vt)	['apˌʃto:sən]

viagem (f)	Reise (f)	['ʀaɪzə]
cruzeiro (m)	Kreuzfahrt (f)	['kʀɔɪtsˌfa:ɐt]
rumo (m), rota (f)	Kurs (m)	[kʊʁs]
itinerário (m)	Reiseroute (f)	['ʀaɪzəˌʀu:tə]

canal (m) navegável	Fahrwasser (n)	['fa:ɐˌvasɐ]
baixio (m)	Untiefe (f)	['ʊnˌti:fə]
encalhar (vt)	stranden (vi)	['ʃtʀandən]

tempestade (f)	Sturm (m)	[ʃtʊʁm]
sinal (m)	Signal (n)	[zɪ'gna:l]
afundar-se (vr)	untergehen (vi)	['ʊntɐˌge:ən]
Homem ao mar!	Mann über Bord!	[man 'y:bɐ bɔʁt]
SOS	SOS	[ɛso:'ʔɛs]
boia (f) salva-vidas	Rettungsring (m)	['ʀɛtʊŋsˌʀɪŋ]

108. Aeroporto

aeroporto (m)	Flughafen (m)	['flu:kˌha:fən]
avião (m)	Flugzeug (n)	['flu:kˌtsɔɪk]
companhia (f) aérea	Fluggesellschaft (f)	['flu:kgəˌzɛlʃaft]
controlador (m) de tráfego aéreo	Fluglotse (m)	['flu:kˌlo:tsə]

partida (f)	Abflug (m)	['apˌflu:k]
chegada (f)	Ankunft (f)	['ankʊnft]
chegar (~ de avião)	anfliegen (vi)	['anˌfli:gən]

| hora (f) de partida | Abflugzeit (f) | ['apflu:kˌtsaɪt] |
| hora (f) de chegada | Ankunftszeit (f) | ['ankʊnftsˌtsaɪt] |

| estar atrasado | sich verspäten | [zɪç fɛɐ'ʃpɛ:tən] |
| atraso (m) de voo | Abflugverspätung (f) | ['apflu:k·fɛɐ'ʃpɛ:tʊŋ] |

painel (m) de informação	Anzeigetafel (f)	['antsaɪgəˌta:fəl]
informação (f)	Information (f)	[ɪnfɔʁma'tsjo:n]
anunciar (vt)	ankündigen (vt)	['ankʏndɪgən]

voo (m)	Flug (m)	[fluːk]
alfândega (f)	Zollamt (n)	['tsɔl,ʔamt]
funcionário (m) da alfândega	Zollbeamter (m)	['tsɔl·bə,ʔamtɐ]

declaração (f) alfandegária	Zolldeklaration (f)	['tsɔl·deklaʀa'tsjoːn]
preencher (vt)	ausfüllen (vt)	['aʊs,fʏlən]
preencher a declaração	die Zollerklärung ausfüllen	[di 'tsɔl·ɛɐ'klɛːʀʊŋ 'aʊs,fʏlən]
controlo (m) de passaportes	Passkontrolle (f)	['pas·kɔn,tʀɔlə]

bagagem (f)	Gepäck (n)	[gə'pɛk]
bagagem (f) de mão	Handgepäck (n)	['hant·gə,pɛk]
carrinho (m)	Kofferkuli (m)	['kɔfɐ,kuːli]

aterragem (f)	Landung (f)	['landʊŋ]
pista (f) de aterragem	Landebahn (f)	['landə,baːn]
aterrar (vi)	landen (vi)	['landən]
escada (f) de avião	Fluggasttreppe (f)	['fluːkgast,tʀɛpə]

check-in (m)	Check-in (n)	[tʃɛk?in]
balcão (m) do check-in	Check-in-Schalter (m)	[tʃɛk?in 'ʃaltɐ]
fazer o check-in	sich registrieren lassen	[zɪç ʀegɪs'tʀiːʀən 'lasən]
cartão (m) de embarque	Bordkarte (f)	['bɔʁt,kaʁtə]
porta (f) de embarque	Abfluggate (n)	['apfluːk,geɪt]

trânsito (m)	Transit (m)	[tʀan'ziːt]
esperar (vi, vt)	warten (vi)	['vaʁtən]
sala (f) de espera	Wartesaal (m)	['vaʁtə,zaːl]
despedir-se de ...	begleiten (vt)	[bə'glaɪtən]
despedir-se (vr)	sich verabschieden	[zɪç fɛɐ'apʃiːdən]

Eventos

109. Férias. Evento

festa (f)	Fest (n)	[fɛst]
festa (f) nacional	Nationalfeiertag (m)	[natsjoˈnaːlˌfaɪetaːk]
feriado (m)	Feiertag (m)	[ˈfaɪeˌtaːk]
festejar (vt)	feiern (vt)	[ˈfaɪen]

evento (festa, etc.)	Ereignis (n)	[ɛeˈʔaɪgnɪs]
evento (banquete, etc.)	Veranstaltung (f)	[fɛeˈʔanʃtaltʊŋ]
banquete (m)	Bankett (n)	[baŋˈkɛt]
receção (f)	Empfang (m)	[ɛmˈpfaŋ]
festim (m)	Festmahl (n)	[ˈfɛstˌmaːl]

aniversário (m)	Jahrestag (m)	[ˈjaːʀesˌtaːk]
jubileu (m)	Jubiläumsfeier (f)	[jubiˈlɛːʊmsˌfaɪe]
celebrar (vt)	begehen (vt)	[bəˈgeːən]

| Ano (m) Novo | Neujahr (n) | [ˈnɔɪjaːe] |
| Feliz Ano Novo! | Frohes Neues Jahr! | [ˌfʀoːəs ˈnɔɪəs jaːe] |

Natal (m)	Weihnachten (n)	[ˈvaɪnaxtən]
Feliz Natal!	Frohe Weihnachten!	[ˌfʀoːə ˈvaɪnaxtən]
árvore (f) de Natal	Tannenbaum (m)	[ˈtanənˌbaʊm]
fogo (m) de artifício	Feuerwerk (n)	[ˈfɔɪeˌvɛʀk]

boda (f)	Hochzeit (f)	[ˈhɔxˌtsaɪt]
noivo (m)	Bräutigam (m)	[ˈbʀɔɪtɪgam]
noiva (f)	Braut (f)	[bʀaʊt]

| convidar (vt) | einladen (vt) | [ˈaɪnˌlaːdən] |
| convite (m) | Einladung (f) | [ˈaɪnˌlaːdʊŋ] |

convidado (m)	Gast (m)	[gast]
visitar (vt)	besuchen (vt)	[bəˈzuːxən]
receber os hóspedes	Gäste empfangen	[ˈgɛstə ɛmˈpfaŋən]

presente (m)	Geschenk (n)	[gəˈʃɛŋk]
oferecer (vt)	schenken (vt)	[ˈʃɛŋkən]
receber presentes	Geschenke bekommen	[gəˈʃɛŋkə bəˈkɔmən]
ramo (m) de flores	Blumenstrauß (m)	[ˈbluːmənˌʃtʀaʊs]

| felicitações (f pl) | Glückwunsch (m) | [ˈglʏkˌvʊnʃ] |
| felicitar (dar os parabéns) | gratulieren (vi) | [gʀatuˈliːʀən] |

cartão (m) de parabéns	Glückwunschkarte (f)	[ˈglʏkvʊnʃˌkaʀtə]
enviar um postal	eine Karte abschicken	[ˈaɪnə ˈkaʀtə ˈapˌʃɪkən]
receber um postal	eine Karte erhalten	[ˈaɪnə ˈkaʀtə ɛeˈhaltən]
brinde (m)	Trinkspruch (m)	[ˈtʀɪŋkˌʃpʀʊx]

oferecer (vt)	anbieten (vt)	['anbi:tən]
champanhe (m)	Champagner (m)	[ʃam'panjɐ]
divertir-se (vr)	sich amüsieren	[zɪç amy'zi:ʀən]
diversão (f)	Fröhlichkeit (f)	['fʀø:lɪç͜kaɪt]
alegria (f)	Freude (f)	['fʀɔɪdə]
dança (f)	Tanz (m)	[tants]
dançar (vi)	tanzen (vi, vt)	['tantsən]
valsa (f)	Walzer (m)	['valtsɐ]
tango (m)	Tango (m)	['taŋgo]

110. Funerais. Enterro

cemitério (m)	Friedhof (m)	['fʀi:t͜ho:f]
sepultura (f), túmulo (m)	Grab (n)	[gʀa:p]
cruz (f)	Kreuz (n)	[kʀɔɪts]
lápide (f)	Grabstein (m)	['gʀa:pʃtaɪn]
cerca (f)	Zaun (m)	[tsaʊn]
capela (f)	Kapelle (f)	[ka'pɛlə]
morte (f)	Tod (m)	[to:t]
morrer (vi)	sterben (vi)	['ʃtɛʀbən]
defunto (m)	Verstorbene (m)	[fɛɐ'ʃtɔʀbənɐ]
luto (m)	Trauer (f)	['tʀaʊɐ]
enterrar, sepultar (vt)	begraben (vt)	[bə'gʀa:bən]
agência (f) funerária	Bestattungsinstitut (n)	[bə'ʃtatʊŋs?ɪnsti͜tu:t]
funeral (m)	Begräbnis (n)	[bə'gʀɛ:pnɪs]
coroa (f) de flores	Kranz (m)	[kʀants]
caixão (m)	Sarg (m)	[zaʀk]
carro (m) funerário	Katafalk (m)	[kata'falk]
mortalha (f)	Totenhemd (n)	['to:tən͜hɛmt]
procissão (f) funerária	Trauerzug (m)	['tʀaʊɐ͜tsu:k]
urna (f) funerária	Urne (f)	['ʊʀnə]
crematório (m)	Krematorium (n)	[kʀema'to:ʀiʊm]
obituário (m), necrologia (f)	Nachruf (m)	['na:xʀu:f]
chorar (vi)	weinen (vi)	['vaɪnən]
soluçar (vi)	schluchzen (vi)	['ʃlʊxtsən]

111. Guerra. Soldados

pelotão (m)	Zug (m)	[tsu:k]
companhia (f)	Kompanie (f)	[kɔmpa'ni:]
regimento (m)	Regiment (n)	[ʀegi'mɛnt]
exército (m)	Armee (f)	[aʀ'me:]
divisão (f)	Division (f)	[divi'zjo:n]
destacamento (m)	Abteilung (f)	[ap'taɪlʊŋ]

hoste (f)	Heer (n)	[heːɐ]
soldado (m)	Soldat (m)	[zɔl'daːt]
oficial (m)	Offizier (m)	[ɔfi'tsiːɐ]

soldado (m) raso	Soldat (m)	[zɔl'daːt]
sargento (m)	Feldwebel (m)	['fɛltˌveːbəl]
tenente (m)	Leutnant (m)	['lɔɪtnant]
capitão (m)	Hauptmann (m)	['haʊptman]
major (m)	Major (m)	[ma'joːɐ]
coronel (m)	Oberst (m)	['oːbɛst]
general (m)	General (m)	[genə'ʀaːl]

marujo (m)	Matrose (m)	[ma'tʀoːzə]
capitão (m)	Kapitän (m)	[kapi'tɛn]
contramestre (m)	Bootsmann (m)	['boːtsman]

artilheiro (m)	Artillerist (m)	['aʁtɪləʀɪst]
soldado (m) paraquedista	Fallschirmjäger (m)	['falʃɪʁmˌjɛːgɐ]
piloto (m)	Pilot (m)	[pi'loːt]
navegador (m)	Steuermann (m)	['ʃtɔɪɐˌman]
mecânico (m)	Mechaniker (m)	[me'çaːnikɐ]

sapador (m)	Pionier (m)	[pɪo'niːɐ]
paraquedista (m)	Fallschirmspringer (m)	['falʃɪʁmˌʃpʀɪŋɐ]
explorador (m)	Aufklärer (m)	['aʊfˌklɛːʀɐ]
franco-atirador (m)	Scharfschütze (m)	['ʃaʁfʃʏtsə]

patrulha (f)	Patrouille (f)	[pa'tʀʊljə]
patrulhar (vt)	patrouillieren (vi)	[patʀʊl'jiːʀən]
sentinela (f)	Wache (f)	['vaχə]

guerreiro (m)	Krieger (m)	['kʀiːgɐ]
patriota (m)	Patriot (m)	[patʀi'oːt]
herói (m)	Held (m)	[hɛlt]
heroína (f)	Heldin (f)	['hɛldɪn]

| traidor (m) | Verräter (m) | [fɛɐ'ʀɛːtɐ] |
| trair (vt) | verraten (vt) | [fɛɐ'ʀaːtən] |

| desertor (m) | Deserteur (m) | [dezɛʁ'tøːɐ] |
| desertar (vt) | desertieren (vi) | [dezɛʁ'tiːʀən] |

mercenário (m)	Söldner (m)	['zœldnɐ]
recruta (m)	Rekrut (m)	[ʀe'kʀuːt]
voluntário (m)	Freiwillige (m)	[ˌfʀaɪvɪlɪgə]

morto (m)	Getoetete (m)	[gə'tøːtətə]
ferido (m)	Verwundete (m)	[fɛɐ'vʊndətə]
prisioneiro (m) de guerra	Kriegsgefangene (m)	['kʀiːksˑgəˌfaŋənə]

112. Guerra. Ações militares. Parte 1

| guerra (f) | Krieg (m) | [kʀiːk] |
| guerrear (vt) | Krieg führen | [kʀiːk 'fyːʀən] |

guerra (f) civil	Bürgerkrieg (m)	['byʁgə‚kʀi:k]
perfidamente	heimtückisch	['haɪm‚tʏkɪʃ]
declaração (f) de guerra	Kriegserklärung (f)	['kʀi:ks?ɛɐ‚klɛ:ʀʊŋ]
declarar (vt) guerra	erklären (vt)	[ɛɐ'klɛ:ʀən]
agressão (f)	Aggression (f)	[agʀɛ'sjo:n]
atacar (vt)	einfallen (vt)	['aɪn‚falən]

invadir (vt)	einfallen (vi)	['aɪn‚falən]
invasor (m)	Invasoren (pl)	[ɪnva'zo:ʀən]
conquistador (m)	Eroberer (m)	[ɛɐ'?o:bəʀɐ]

defesa (f)	Verteidigung (f)	[fɛɐ'taɪdɪgʊŋ]
defender (vt)	verteidigen (vt)	[fɛɐ'taɪdɪgən]
defender-se (vr)	sich verteidigen	[zɪç fɛɐ'taɪdɪgən]

inimigo (m)	Feind (m)	[faɪnt]
adversário (m)	Gegner (m)	['ge:gnɐ]
inimigo	Feind-	[faɪnt]

| estratégia (f) | Strategie (f) | [ʃtʀate'gi:] |
| tática (f) | Taktik (f) | ['taktɪk] |

ordem (f)	Befehl (m)	[bə'fe:l]
comando (m)	Anordnung (f)	['an‚?oʁdnʊŋ]
ordenar (vt)	befehlen (vt)	[‚bə'fe:lən]
missão (f)	Auftrag (m)	['aʊf‚tʀa:k]
secreto	geheim	[gə'haɪm]

| batalha (f) | Gefecht (n) | [gə'fɛçt] |
| combate (m) | Kampf (m) | [kampf] |

ataque (m)	Angriff (m)	['an‚gʀɪf]
assalto (m)	Sturm (m)	[ʃtuʁm]
assaltar (vt)	stürmen (vt)	['ʃtʏʁmən]
assédio, sítio (m)	Belagerung (f)	[bə'la:gəʀʊŋ]

| ofensiva (f) | Angriff (m) | ['an‚gʀɪf] |
| passar à ofensiva | angreifen (vt) | ['an‚gʀaɪfən] |

| retirada (f) | Rückzug (m) | ['ʀʏk‚tsu:k] |
| retirar-se (vr) | sich zurückziehen | [zɪç tsu'ʀʏk‚tsi:ən] |

| cerco (m) | Einkesselung (f) | ['aɪn‚kɛsəlʊŋ] |
| cercar (vt) | einkesseln (vt) | ['aɪn‚kɛsəln] |

bombardeio (m)	Bombenangriff (m)	['bɔmbən‚?angʀɪf]
lançar uma bomba	eine Bombe abwerfen	['aɪnə 'bɔmbə 'ap‚vɛʁfən]
bombardear (vt)	bombardieren (vt)	[bɔmbaʁ'di:ʀən]
explosão (f)	Explosion (f)	[ɛksplo'zjo:n]

tiro (m)	Schuss (m)	[ʃʊs]
disparar um tiro	schießen (vt)	['ʃi:sən]
tiroteio (m)	Schießerei (f)	[ʃi:sə'ʀaɪ]

| apontar para ... | zielen auf ... | ['tsi:lən aʊf] |
| apontar (vt) | richten (vt) | ['ʀɪçtən] |

acertar (vt)	treffen (vt)	['tʀɛfən]
afundar (um navio)	versenken (vt)	[fɛɐ'zɛŋkən]
brecha (f)	Loch (n)	[lɔχ]
afundar (vi)	versinken (vi)	[fɛɐ'zɪŋkən]

frente (m)	Front (f)	[fʀɔnt]
evacuação (f)	Evakuierung (f)	[evaku'i:ʀʊŋ]
evacuar (vt)	evakuieren (vt)	[evaku'i:ʀən]

trincheira (f)	Schützengraben (m)	['ʃʏtsən͵gʀa:bən]
arame (m) farpado	Stacheldraht (m)	['ʃtaχəl͵dʀa:t]
obstáculo (m) anticarro	Sperre (f)	['ʃpɛʀə]
torre (f) de vigia	Wachtturm (m)	['vaχt͵tʊʀm]

hospital (m)	Lazarett (n)	[latsa'ʀɛt]
ferir (vt)	verwunden (vt)	[fɛɐ'vʊndən]
ferida (f)	Wunde (f)	['vʊndə]
ferido (m)	Verwundete (m)	[fɛɐ'vʊndətə]
ficar ferido	verletzt sein	[fɛɐ'lɛtst zaɪn]
grave (ferida ~)	schwer	[ʃve:ɐ]

113. Guerra. Ações militares. Parte 2

cativeiro (m)	Gefangenschaft (f)	[gə'faŋənʃaft]
capturar (vt)	gefangen nehmen (vt)	[gə'faŋən 'ne:mən]
estar em cativeiro	in Gefangenschaft sein	[ɪn gə'faŋənʃaft zaɪn]
ser aprisionado	in Gefangenschaft geraten	[ɪn gə'faŋənʃaft gə'ʀa:tən]

campo (m) de concentração	Konzentrationslager (n)	[kɔntsɛntʀa'tsjo:ns͵la:gɐ]
prisioneiro (m) de guerra	Kriegsgefangene (m)	['kʀi:ks·gə͵faŋənə]
escapar (vi)	fliehen (vi)	['fli:ən]

trair (vt)	verraten (vt)	[fɛɐ'ʀa:tən]
traidor (m)	Verräter (m)	[fɛɐ'ʀɛ:tɐ]
traição (f)	Verrat (m)	[fɛɐ'ʀa:t]

fuzilar, executar (vt)	erschießen (vt)	[ɛɐ'ʃi:sən]
fuzilamento (m)	Erschießung (f)	[ɛɐ'ʃi:sʊŋ]

equipamento (m)	Ausrüstung (f)	['aʊs͵ʀʏstʊŋ]
platina (f)	Schulterstück (n)	['ʃʊltɐʃtʏk]
máscara (f) antigás	Gasmaske (f)	['ga:s͵maskə]

rádio (m)	Funkgerät (n)	['fʊŋk·gə͵ʀɛ:t]
cifra (f), código (m)	Chiffre (f)	['ʃɪfʀə]
conspiração (f)	Geheimhaltung (f)	[gə'haɪm͵haltʊŋ]
senha (f)	Kennwort (n)	['kɛn͵vɔʀt]

mina (f)	Mine (f)	['mi:nə]
minar (vt)	Minen legen	['mi:nən 'le:gən]
campo (m) minado	Minenfeld (n)	['mi:nən͵fɛlt]

alarme (m) aéreo	Luftalarm (m)	['lʊft?a͵laʀm]
alarme (m)	Alarm (m)	[a'laʀm]

sinal (m)	Signal (n)	[zɪˈgnaːl]
sinalizador (m)	Signalrakete (f)	[zɪˈgnaːlˈʀaˌkeːtə]
estado-maior (m)	Hauptquartier (n)	[ˈhaʊptˈkvaʁˌtiːɐ]
reconhecimento (m)	Aufklärung (f)	[ˈaʊfˌklɛːʀʊŋ]
situação (f)	Lage (f)	[ˈlaːgə]
relatório (m)	Bericht (m)	[bəˈʀɪçt]
emboscada (f)	Hinterhalt (m)	[ˈhɪntəˌhalt]
reforço (m)	Verstärkung (f)	[fɛɐˈʃtɛʀkʊŋ]
alvo (m)	Zielscheibe (f)	[ˈtsiːlˌʃaɪbə]
campo (m) de tiro	Schießplatz (m)	[ˈʃiːsˌplats]
manobras (f pl)	Manöver (n)	[maˈnøːvɐ]
pânico (m)	Panik (f)	[ˈpaːnɪk]
devastação (f)	Verwüstung (f)	[fɛɐˈvyːstʊŋ]
ruínas (f pl)	Trümmer (pl)	[ˈtʀʏmɐ]
destruir (vt)	zerstören (vt)	[tsɛɐˈʃtøːʀən]
sobreviver (vi)	überleben (vi)	[ˌyːbɐˈleːbən]
desarmar (vt)	entwaffnen (vt)	[ɛntˈvafnən]
manusear (vt)	handhaben (vt)	[ˈhantˌhaːbən]
Firmes!	Stillgestanden!	[ˈʃtɪlgəˌʃtandən]
Descansar!	Rühren!	[ˈʀyːʀən]
façanha (f)	Heldentat (f)	[ˈhɛldənˌtaːt]
juramento (m)	Eid (m), Schwur (m)	[aɪt], [ʃvuːɐ]
jurar (vi)	schwören (vi, vt)	[ˈʃvøːʀən]
condecoração (f)	Lohn (m)	[loːn]
condecorar (vt)	auszeichnen (vt)	[ˈaʊsˌtsaɪçnən]
medalha (f)	Medaille (f)	[meˈdaljə]
ordem (f)	Orden (m)	[ˈɔʁdən]
vitória (f)	Sieg (m)	[ziːk]
derrota (f)	Niederlage (f)	[ˈniːdəˌlaːgə]
armistício (m)	Waffenstillstand (m)	[ˈvafənʃtɪlʃtant]
bandeira (f)	Fahne (f)	[ˈfaːnə]
glória (f)	Ruhm (m)	[ʀuːm]
desfile (m) militar	Parade (f)	[paˈʀaːdə]
marchar (vi)	marschieren (vi)	[maʁˈʃiːʀən]

114. Armas

arma (f)	Waffe (f)	[ˈvafə]
arma (f) de fogo	Schusswaffe (f)	[ˈʃʊsˌvafə]
arma (f) branca	blanke Waffe (f)	[ˈblaŋkə ˈvafə]
arma (f) química	chemischen Waffen (pl)	[çeˈmiʃən ˈvafən]
nuclear	Kern-, Atom-	[kɛʁn], [aˈtoːm]
arma (f) nuclear	Kernwaffe (f)	[ˈkɛʁnˌvafə]
bomba (f)	Bombe (f)	[ˈbɔmbə]

bomba (f) atómica	Atombombe (f)	[a'to:m͵bɔmbə]
pistola (f)	Pistole (f)	[pɪs'to:lə]
caçadeira (f)	Gewehr (n)	[gə've:ɐ]
pistola-metralhadora (f)	Maschinenpistole (f)	[ma'ʃi:nən·pɪs͵to:lə]
metralhadora (f)	Maschinengewehr (n)	[ma'ʃi:nən·gə͵ve:ɐ]
boca (f)	Mündung (f)	['mʏndʊŋ]
cano (m)	Lauf (m)	[laʊf]
calibre (m)	Kaliber (n)	[͵ka'li:bɐ]
gatilho (m)	Abzug (m)	['ap͵tsu:k]
mira (f)	Visier (n)	[vi'zi:ɐ]
carregador (m)	Magazin (n)	[maga'tsi:n]
coronha (f)	Kolben (m)	[kɔlbən]
granada (f) de mão	Handgranate (f)	['hant·gʀa͵na:tə]
explosivo (m)	Sprengstoff (m)	['ʃpʀɛŋʃtɔf]
bala (f)	Kugel (f)	['ku:gəl]
cartucho (m)	Patrone (f)	[pa'tʀo:nə]
carga (f)	Ladung (f)	['la:dʊŋ]
munições (f pl)	Munition (f)	[muni'tsjo:n]
bombardeiro (m)	Bomber (m)	['bɔmbɐ]
avião (m) de caça	Kampfflugzeug (n)	['kampfflu:k͵tsɔɪk]
helicóptero (m)	Hubschrauber (m)	['hu:pʃʀaʊbɐ]
canhão (m) antiaéreo	Flugabwehrkanone (f)	[flu:k'ʔapve:ɐka͵no:nə]
tanque (m)	Panzer (m)	['pántsɐ]
canhão (de um tanque)	Panzerkanone (f)	['pantsɐ͵ka'no:nə]
artilharia (f)	Artillerie (f)	['aʀtɪləʀi:]
canhão (m)	Haubitze (f), Kanone (f)	[haʊ'bɪtsə], [ka'no:nə]
fazer a pontaria	richten (vt)	['ʀɪçtən]
obus (m)	Geschoß (n)	[gə'ʃo:s]
granada (f) de morteiro	Wurfgranate (f)	['vʊʀf·gʀa'na:tə]
morteiro (m)	Granatwerfer (m)	[gʀa'na:t͵vɛʀfɐ]
estilhaço (m)	Splitter (m)	['ʃplɪtɐ]
submarino (m)	U-Boot (n)	['u:bo:t]
torpedo (m)	Torpedo (m)	[tɔʀ'pe:do]
míssil (m)	Rakete (f)	[ʀa'ke:tə]
carregar (uma arma)	laden (vt)	['la:dən]
atirar, disparar (vi)	schießen (vi)	['ʃi:sən]
apontar para ...	zielen auf ...	['tsi:lən aʊf]
baioneta (f)	Bajonett (n)	[͵bajo'nɛt]
espada (f)	Degen (m)	['de:gən]
sabre (m)	Säbel (m)	['zɛ:bəl]
lança (f)	Speer (m)	[ʃpe:ɐ]
arco (m)	Bogen (m)	['bo:gən]
flecha (f)	Pfeil (m)	[pfaɪl]
mosquete (m)	Muskete (f)	[mʊs'ke:tə]
besta (f)	Armbrust (f)	['aʀm͵bʀʊst]

115. Povos da antiguidade

primitivo	vorzeitlich	['fo:ɐ̯ˌtsaɪtlɪç]
pré-histórico	prähistorisch	[ˌpʀɛhɪs'to:ʀɪʃ]
antigo	alt	[alt]
Idade (f) da Pedra	Steinzeit (f)	['ʃtaɪnˌtsaɪt]
Idade (f) do Bronze	Bronzezeit (f)	['bʀɔŋsəˌtsaɪt]
período (m) glacial	Eiszeit (f)	['aɪsˌtsaɪt]
tribo (f)	Stamm (m)	[ʃtam]
canibal (m)	Kannibale (m)	[kani'ba:lə]
caçador (m)	Jäger (m)	['jɛ:gɐ]
caçar (vi)	jagen (vi)	['jagən]
mamute (m)	Mammut (n)	['mamʊt]
caverna (f)	Höhle (f)	['hø:lə]
fogo (m)	Feuer (n)	['fɔɪɐ]
fogueira (f)	Lagerfeuer (n)	['la:gɐˌfɔɪɐ]
pintura (f) rupestre	Höhlenmalerei (f)	['hø:lən·ma:ləˌʀaɪ]
ferramenta (f)	Werkzeug (n)	['vɛʀkˌtsɔɪk]
lança (f)	Speer (m)	[ʃpe:ɐ]
machado (m) de pedra	Steinbeil (n), Steinaxt (f)	['ʃtaɪnˌbaɪl], ['ʃtaɪnˌakst]
guerrear (vt)	Krieg führen	[kʀi:k 'fy:ʀən]
domesticar (vt)	domestizieren (vt)	[domɛsti'tsi:ʀən]
ídolo (m)	Idol (n)	[i'do:l]
adorar, venerar (vt)	anbeten (vt)	['anˌbe:tən]
superstição (f)	Aberglaube (m)	['a:bɐˌglaʊbə]
ritual (m)	Ritus (m), Ritual (n)	['ʀi:tʊs], [ʀi'tua:l]
evolução (f)	Evolution (f)	[evolu'tsjo:n]
desenvolvimento (m)	Entwicklung (f)	[ɛnt'vɪklʊŋ]
desaparecimento (m)	Verschwinden (n)	[fɛɐ'ʃvɪndən]
adaptar-se (vr)	sich anpassen	[zɪç 'anˌpasən]
arqueologia (f)	Archäologie (f)	[aʀçɛolo'gi:]
arqueólogo (m)	Archäologe (m)	[aʀçɛo'lo:gə]
arqueológico	archäologisch	[aʀçɛo'lo:gɪʃ]
local (m) das escavações	Ausgrabungsstätte (f)	['aʊsgʀa:bʊŋsˌʃtɛtə]
escavações (f pl)	Ausgrabungen (pl)	['aʊsgʀa:bʊŋən]
achado (m)	Fund (m)	[fʊnt]
fragmento (m)	Fragment (n)	[fʀa'gmɛnt]

116. Idade média

povo (m)	Volk (n)	[fɔlk]
povos (m pl)	Völker (pl)	['fœlkɐ]
tribo (f)	Stamm (m)	[ʃtam]
tribos (f pl)	Stämme (pl)	['ʃtɛmə]
bárbaros (m pl)	Barbaren (pl)	[baʀ'ba:ʀən]

gauleses (m pl)	Gallier (pl)	['galɪɐ]
godos (m pl)	Goten (pl)	['goːtən]
eslavos (m pl)	Slawen (pl)	['slaːvən]
víquingues (m pl)	Wikinger (pl)	['viːkɪŋɐ]

| romanos (m pl) | Römer (pl) | ['ʀøːmɐ] |
| romano | römisch | ['ʀøːmɪʃ] |

bizantinos (m pl)	Byzantiner (pl)	[bytsan'tiːnɐ]
Bizâncio	Byzanz (n)	[by'tsants]
bizantino	byzantinisch	[bytsan'tiːnɪʃ]

imperador (m)	Kaiser (m)	['kaɪzɐ]
líder (m)	Häuptling (m)	['hɔɪptlɪŋ]
poderoso	mächtig	['mɛçtɪç]
rei (m)	König (m)	['køːnɪç]
governante (m)	Herrscher (m)	['hɛʀʃɐ]

cavaleiro (m)	Ritter (m)	['ʀɪtɐ]
senhor feudal (m)	Feudalherr (m)	[fɔɪ'daːlˌhɛʀ]
feudal	feudal, Feudal-	[fɔɪ'daːl]
vassalo (m)	Vasall (m)	[va'zal]

duque (m)	Herzog (m)	['hɛʀtsoːk]
conde (m)	Graf (m)	[gʀaːf]
barão (m)	Baron (m)	[ba'ʀoːn]
bispo (m)	Bischof (m)	['bɪʃɔf]

armadura (f)	Rüstung (f)	['ʀʏstʊŋ]
escudo (m)	Schild (m)	[ʃɪlt]
espada (f)	Schwert (n)	[ʃveːɐt]
viseira (f)	Visier (n)	[vi'ziːɐ]
cota (f) de malha	Panzerhemd (n)	['pantsɐˌhɛmt]

| cruzada (f) | Kreuzzug (m) | ['kʀɔɪtsˌtsuːk] |
| cruzado (m) | Kreuzritter (m) | ['kʀɔɪtsˌʀɪtɐ] |

território (m)	Territorium (n)	[tɛʀi'toːʀiʊm]
atacar (vt)	einfallen (vt)	['aɪnˌfalən]
conquistar (vt)	erobern (vt)	[ɛɐ'ʔoːbɐn]
ocupar, invadir (vt)	besetzen (vt)	[bə'zɛtsən]

assédio, sítio (m)	Belagerung (f)	[bə'laːgəʀʊŋ]
sitiado	belagert	[bə'laːgɐt]
assediar, sitiar (vt)	belagern (vt)	[bə'laːgɐn]

inquisição (f)	Inquisition (f)	[ɪnkvizi'tsjoːn]
inquisidor (m)	Inquisitor (m)	[ɪnkvi'ziːtoːɐ]
tortura (f)	Folter (f)	['fɔltɐ]
cruel	grausam	['gʀaʊˌzaːm]
herege (m)	Häretiker (m)	[hɛ'ʀetikɐ]
heresia (f)	Häresie (f)	[hɛʀe'ziː]

navegação (f) marítima	Seefahrt (f)	['zeːˌfaːɐt]
pirata (m)	Seeräuber (m)	['zeːˌʀɔɪbɐ]
pirataria (f)	Seeräuberei (f)	['zeːˌʀɔɪbəʀaɪ]

abordagem (f)	Enterung (f)	['ɛnteʀʊŋ]
saque (m), pulhagem (f)	Beute (f)	['bɔɪtə]
tesouros (m pl)	Schätze (pl)	['ʃɛtsə]

descobrimento (m)	Entdeckung (f)	[ɛnt'dɛkʊŋ]
descobrir (novas terras)	entdecken (vt)	[ɛnt'dɛkən]
expedição (f)	Expedition (f)	[ɛkspedi'tsjoːn]

mosqueteiro (m)	Musketier (m)	[mʊske'tiːɐ]
cardeal (m)	Kardinal (m)	[ˌkaʀdi'naːl]
heráldica (f)	Heraldik (f)	[he'ʀaldɪk]
heráldico	heraldisch	[he'ʀaldɪʃ]

117. Líder. Chefe. Autoridades

rei (m)	König (m)	['køːnɪç]
rainha (f)	Königin (f)	['køːnɪgɪn]
real	königlich	['køːnɪklɪç]
reino (m)	Königreich (n)	['køːnɪkˌʀaɪç]

| príncipe (m) | Prinz (m) | [pʀɪnts] |
| princesa (f) | Prinzessin (f) | [pʀɪn'tsɛsɪn] |

presidente (m)	Präsident (m)	[pʀɛzi'dɛnt]
vice-presidente (m)	Vizepräsident (m)	['fiːtsə·pʀɛziˌdɛnt]
senador (m)	Senator (m)	[ze'naːtoːɐ]

monarca (m)	Monarch (m)	[mo'naʀç]
governante (m)	Herrscher (m)	['hɛʀʃə]
ditador (m)	Diktator (m)	[dɪk'taːtoːɐ]
tirano (m)	Tyrann (m)	[ty'ʀan]
magnata (m)	Magnat (m)	[ma'gnaːt]

diretor (m)	Direktor (m)	[di'ʀɛktoːɐ]
chefe (m)	Chef (m)	[ʃɛf]
dirigente (m)	Leiter (m)	['laɪtɐ]
patrão (m)	Boss (m)	[bɔs]
dono (m)	Eigentümer (m)	['aɪgəntyːmɐ]

chefe (~ de delegação)	Leiter (m)	['laɪtɐ]
autoridades (f pl)	Behörden (pl)	[bə'høːɐdən]
superiores (m pl)	Vorgesetzten (pl)	['foːɐgəˌzɛtstən]

governador (m)	Gouverneur (m)	[guvɛʀ'nøːɐ]
cônsul (m)	Konsul (m)	['kɔnzʊl]
diplomata (m)	Diplomat (m)	[ˌdiplo'maːt]

| prefeito (m) | Bürgermeister (m) | ['byʀgəˌmaɪstɐ] |
| xerife (m) | Sheriff (m) | ['ʃɛʀɪf] |

imperador (m)	Kaiser (m)	['kaɪzɐ]
czar (m)	Zar (m)	[tsa:ɐ]
faraó (m)	Pharao (m)	['faːʀao]
cã (m)	Khan (m)	[kaːn]

118. Viloação da lei. Criminosos. Parte 1

bandido (m)	Bandit (m)	[ban'di:t]
crime (m)	Verbrechen (n)	[fɛɐ'bʀɛçən]
criminoso (m)	Verbrecher (m)	[fɛɐ'bʀɛçɐ]
ladrão (m)	Dieb (m)	[di:p]
roubar (vt)	stehlen (vt)	['ʃte:lən]
roubo (atividade)	Diebstahl (m)	['di:pˌʃta:l]
furto (m)	Stehlen (n)	['ʃte:lən]
raptar (ex. ~ uma criança)	kidnappen (vt)	['kɪtˌnɛpən]
rapto (m)	Kidnapping (n)	['kɪtˌnɛpɪŋ]
raptor (m)	Kidnapper (m)	['kɪtˌnɛpɐ]
resgate (m)	Lösegeld (n)	['løːzəˌgɛlt]
pedir resgate	Lösegeld verlangen	['løːzəˌgɛlt fɛɐ'laŋən]
roubar (vt)	rauben (vt)	['ʀaʊbən]
assalto, roubo (m)	Raub (m)	['ʀaʊp]
assaltante (m)	Räuber (m)	['ʀɔɪbɐ]
extorquir (vt)	erpressen (vt)	[ɛɐ'pʀɛsən]
extorsionário (m)	Erpresser (m)	[ɛɐ'pʀɛsɐ]
extorsão (f)	Erpressung (f)	[ɛɐ'pʀɛsʊŋ]
matar, assassinar (vt)	morden (vt)	['mɔʀdən]
homicídio (m)	Mord (m)	[mɔʀt]
homicida, assassino (m)	Mörder (m)	['mœʀdɐ]
tiro (m)	Schuss (m)	[ʃʊs]
dar um tiro	schießen (vt)	['ʃi:sən]
matar a tiro	erschießen (vt)	[ɛɐ'ʃi:sən]
atirar, disparar (vi)	feuern (vi)	['fɔɪɐn]
tiroteio (m)	Schießerei (f)	[ʃi:sə'ʀaɪ]
acontecimento (m)	Vorfall (m)	['fo:ɐfal]
porrada (f)	Schlägerei (f)	[ʃlɛːgə'ʀaɪ]
Socorro!	Hilfe!	['hɪlfə]
vítima (f)	Opfer (n)	['ɔpfɐ]
danificar (vt)	beschädigen (vt)	[bə'ʃɛ:dɪgən]
dano (m)	Schaden (m)	['ʃa:dən]
cadáver (m)	Leiche (f)	['laɪçə]
grave	schwer	[ʃve:ɐ]
atacar (vt)	angreifen (vt)	['anˌgʀaɪfən]
bater (espancar)	schlagen (vt)	['ʃla:gən]
espancar (vt)	verprügeln (vt)	[fɛɐ'pʀy:gəln]
tirar, roubar (dinheiro)	wegnehmen (vt)	['vɛkˌne:mən]
esfaquear (vt)	erstechen (vt)	[ɛɐ'ʃtɛçən]
mutilar (vt)	verstümmeln (vt)	[fɛɐ'ʃtʏməln]
ferir (vt)	verwunden (vt)	[fɛɐ'vʊndən]
chantagem (f)	Erpressung (f)	[ɛɐ'pʀɛsʊŋ]
chantagear (vt)	erpressen (vt)	[ɛɐ'pʀɛsən]

chantagista (m)	Erpresser (m)	[ɛɐ'pʀɛsɐ]
extorsão	Schutzgelderpressung (f)	['ʃʊtsɡɛlt?ɛɐˌpʀɛsʊŋ]
(em troca de proteção)		
extorsionário (m)	Erpresser (m)	[ɛɐ'pʀɛsɐ]
gângster (m)	Gangster (m)	['ɡɛŋstɐ]
máfia (f)	Mafia (f)	['mafɪa]

carteirista (m)	Taschendieb (m)	['taʃənˌdiːp]
assaltante, ladrão (m)	Einbrecher (m)	['aɪnˌbʀɛçɐ]
contrabando (m)	Schmuggel (m)	['ʃmʊɡəl]
contrabandista (m)	Schmuggler (m)	['ʃmʊɡlɐ]

falsificação (f)	Fälschung (f)	['fɛlʃʊŋ]
falsificar (vt)	fälschen (vt)	['fɛlʃən]
falsificado	gefälscht	[ɡə'fɛlʃt]

119. Viloação da lei. Criminosos. Parte 2

violação (f)	Vergewaltigung (f)	[fɛɐɡə'valtɪɡʊŋ]
violar (vt)	vergewaltigen (vt)	[fɛɐɡə'valtɪɡən]
violador (m)	Gewalttäter (m)	[ɡə'valtˌtɛːtɐ]
maníaco (m)	Besessene (m)	[bə'zɛsənə]

prostituta (f)	Prostituierte (f)	[ˌpʀɔstitu'iːɐtə]
prostituição (f)	Prostitution (f)	[pʀɔstitu'tsjoːn]
chulo (m)	Zuhälter (m)	['tsuːˌhɛltɐ]

| toxicodependente (m) | Drogenabhängiger (m) | ['dʀoːɡənˌʔaphɛŋɪɡə] |
| traficante (m) | Drogenhändler (m) | ['dʀoːɡənˌhɛndlɐ] |

explodir (vt)	sprengen (vt)	['ʃpʀɛŋən]
explosão (f)	Explosion (f)	[ɛksplo'zjoːn]
incendiar (vt)	in Brand stecken	[ɪn bʀant 'ʃtɛkən]
incendiário (m)	Brandstifter (m)	['bʀantˌʃtɪftɐ]

terrorismo (m)	Terrorismus (m)	[tɛʀo'ʀɪsmʊs]
terrorista (m)	Terrorist (m)	[tɛʀo'ʀɪst]
refém (m)	Geisel (m, f)	['ɡaɪzəl]

enganar (vt)	betrügen (vt)	[bə'tʀyːɡən]
engano (m)	Betrug (m)	[bə'tʀuːk]
vigarista (m)	Betrüger (m)	[bə'tʀyːɡɐ]

subornar (vt)	bestechen (vt)	[bə'ʃtɛçən]
suborno (atividade)	Bestechlichkeit (f)	[bə'ʃtɛçlɪçkaɪt]
suborno (dinheiro)	Bestechungsgeld (n)	[bə'ʃtɛçʊŋsˌɡɛlt]

veneno (m)	Gift (n)	[ɡɪft]
envenenar (vt)	vergiften (vt)	[fɛɐ'ɡɪftən]
envenenar-se (vr)	sich vergiften	[zɪç fɛɐ'ɡɪftən]

suicídio (m)	Selbstmord (m)	['zɛlpstˌmɔʁt]
suicida (m)	Selbstmörder (m)	['zɛlpstˌmœʁdɐ]
ameaçar (vt)	drohen (vi)	['dʀoːən]

ameaça (f)	Drohung (f)	['dʀo:ʊŋ]
atentar contra a vida de …	versuchen (vt)	[fɛɛ'zu:xən]
atentado (m)	Attentat (n)	['atənta:t]

| roubar (o carro) | stehlen (vt) | ['ʃte:lən] |
| desviar (o avião) | entführen (vt) | [ɛnt'fy:ʀən] |

| vingança (f) | Rache (f) | ['ʀaxə] |
| vingar (vt) | sich rächen | [zɪç 'ʀɛçən] |

torturar (vt)	foltern (vt)	['fɔltɐn]
tortura (f)	Folter (f)	['fɔltɐ]
atormentar (vt)	quälen (vt)	['kvɛ:lən]

pirata (m)	Seeräuber (m)	['ze:ˌʀɔɪbɐ]
desordeiro (m)	Rowdy (m)	['ʀaʊdi]
armado	bewaffnet	[bə'vafnət]
violência (f)	Gewalt (f)	[gə'valt]
ilegal	ungesetzlich	['ʊngəˌzɛtslɪç]

| espionagem (f) | Spionage (f) | [ʃpio'na:ʒə] |
| espionar (vi) | spionieren (vi) | [ʃpɪo'ni:ʀən] |

120. Polícia. Lei. Parte 1

| justiça (f) | Justiz (f) | [jʊs'ti:ts] |
| tribunal (m) | Gericht (n) | [gə'ʀɪçt] |

juiz (m)	Richter (m)	['ʀɪçtɐ]
jurados (m pl)	Geschworenen (pl)	[gə'ʃvo:ʀənən]
tribunal (m) do júri	Geschworenengericht (n)	[gə'ʃvo:ʀənən·gəˌʀɪçt]
julgar (vt)	richten (vt)	['ʀɪçtən]

advogado (m)	Rechtsanwalt (m)	['ʀɛçts?anˌvalt]
réu (m)	Angeklagte (m)	['angəˌkla:ktə]
banco (m) dos réus	Anklagebank (f)	['ankla:gə·baŋk]

| acusação (f) | Anklage (f) | ['ankla:gə] |
| acusado (m) | Beschuldigte (m) | [bə'ʃʊldɪçtə] |

| sentença (f) | Urteil (n) | ['ʊʀˌtaɪl] |
| sentenciar (vt) | verurteilen (vt) | [fɛɛ'?ʊʀtaɪlən] |

culpado (m)	Schuldige (m)	['ʃʊldɪgə]
punir (vt)	bestrafen (vt)	[bə'ʃtʀa:fən]
punição (f)	Strafe (f)	['ʃtʀa:fə]

multa (f)	Geldstrafe (f)	['gɛltˌʃtʀa:fə]
prisão (f) perpétua	lebenslange Haft (f)	['le:bənsˌlaŋə haft]
pena (f) de morte	Todesstrafe (f)	['to:dəsˌʃtʀa:fə]
cadeira (f) elétrica	elektrischer Stuhl (m)	[e'lɛktʀɪʃe ʃtu:l]
forca (f)	Galgen (m)	[galgən]
executar (vt)	hinrichten (vt)	['hɪnˌʀɪçtən]
execução (f)	Hinrichtung (f)	['hɪnˌʀɪçtʊŋ]

prisão (f)	Gefängnis (n)	[gə'fɛŋnɪs]
cela (f) de prisão	Zelle (f)	['tsɛlə]

escolta (f)	Eskorte (f)	[ɛs'kɔʁtə]
guarda (m) prisional	Gefängniswärter (m)	[gə'fɛŋnɪs·vɛʁtə]
preso (m)	Gefangene (m)	[gə'faŋənə]

algemas (f pl)	Handschellen (pl)	['hantʃɛlən]
algemar (vt)	Handschellen anlegen	['hantʃɛlən 'anˌle:gən]

fuga, evasão (f)	Ausbruch (m)	['aʊsˌbʁʊx]
fugir (vi)	ausbrechen (vi)	['aʊsˌbʁɛçən]
desaparecer (vi)	verschwinden (vi)	[fɛɛ'ʃvɪndən]
soltar, libertar (vt)	aus ... entlassen	['aʊs ... ɛnt'lasn]
amnistia (f)	Amnestie (f)	[amnɛs'ti:]

polícia (instituição)	Polizei (f)	[ˌpoli'tsaɪ]
polícia (m)	Polizist (m)	[poli'tsɪst]
esquadra (f) de polícia	Polizeiwache (f)	[poli'tsaɪˌvaxə]
cassetete (m)	Gummiknüppel (m)	['gʊmiˌknʏpəl]
megafone (m)	Sprachrohr (n)	['ʃpʁa:xˌʁo:ɐ]

carro (m) de patrulha	Streifenwagen (m)	['ʃtʁaɪfənˌva:gən]
sirene (f)	Sirene (f)	[ˌzi'ʁe:nə]
ligar a sirene	die Sirene einschalten	[di ˌzi'ʁe:nə 'aɪnʃaltən]
toque (m) da sirene	Sirenengeheul (n)	[zi'ʁe:nən·gə'hɔɪl]

cena (f) do crime	Tatort (m)	['ta:tˌʔɔʁt]
testemunha (f)	Zeuge (m)	['tsɔɪgə]
liberdade (f)	Freiheit (f)	['fʁaɪhaɪt]
cúmplice (m)	Komplize (m)	[kɔm'pli:tsə]
escapar (vi)	verschwinden (vi)	[fɛɛ'ʃvɪndən]
traço (não deixar ~s)	Spur (f)	[ʃpu:ɐ]

121. Polícia. Lei. Parte 2

procura (f)	Fahndung (f)	['fa:ndʊŋ]
procurar (vt)	suchen (vt)	['zu:xən]
suspeita (f)	Verdacht (m)	[fɛɛ'daxt]
suspeito	verdächtig	[fɛɛ'dɛçtɪç]
parar (vt)	anhalten (vt)	['anˌhaltən]
deter (vt)	verhaften (vt)	[fɛɛ'haftən]

caso (criminal)	Fall (m), Klage (f)	[fa:l], ['kla:gə]
investigação (f)	Untersuchung (f)	[ʊntə'zu:xʊŋ]
detetive (m)	Detektiv (m)	[detɛk'ti:f]
investigador (m)	Ermittlungsrichter (m)	[ɛɛ'mɪtlʊŋsˌʁɪçtɐ]
versão (f)	Version (f)	[vɛʁ'zjo:n]

motivo (m)	Motiv (n)	[mo'ti:f]
interrogatório (m)	Verhör (n)	[fɛɛ'hø:ɐ]
interrogar (vt)	verhören (vt)	[fɛɛ'hø:ʁən]
questionar (vt)	vernehmen (vt)	[fɛɛ'ne:mən]
verificação (f)	Kontrolle, Prüfung (f)	[kɔn'tʁɔlə], ['pʁy:fʊŋ]

rusga (f)	Razzia (f)	['ʀatsɪa]
busca (f)	Durchsuchung (f)	[duʀç'zu:χʊŋ]
perseguição (f)	Verfolgung (f)	[fɛɐ'fɔlgʊŋ]
perseguir (vt)	nachjagen (vi)	['na:χ͜ja:gən]
seguir (vt)	verfolgen (vt)	[fɛɐ'fɔlgən]

prisão (f)	Verhaftung (f)	[fɛɐ'haftʊŋ]
prender (vt)	verhaften (vt)	[fɛɐ'haftən]
pegar, capturar (vt)	fangen (vt)	['faŋən]
captura (f)	Festnahme (f)	['fɛst͜na:mə]

documento (m)	Dokument (n)	[ˌdoku'mɛnt]
prova (f)	Beweis (m)	[bə'vaɪs]
provar (vt)	beweisen (vt)	[bə'vaɪzən]
pegada (f)	Fußspur (f)	['fu:s͜ʃpu:ɐ]
impressões (f pl) digitais	Fingerabdrücke (pl)	['fɪŋɐ͜ʔapdʀʏkə]
prova (f)	Beweisstück (n)	[bə'vaɪsʃtʏk]

álibi (m)	Alibi (n)	['a:libi]
inocente	unschuldig	['ʊnʃʊldɪç]
injustiça (f)	Ungerechtigkeit (f)	['ʊngəˌʀɛçtɪçkaɪt]
injusto	ungerecht	['ʊngəˌʀɛçt]

criminal	Kriminal-	[kʀimi'na:l]
confiscar (vt)	beschlagnahmen (vt)	[bə'ʃla:kˌna:mən]
droga (f)	Droge (f)	['dʀo:gə]
arma (f)	Waffe (f)	['vafə]
desarmar (vt)	entwaffnen (vt)	[ɛnt'vafnən]
ordenar (vt)	befehlen (vt)	[ˌbə'fe:lən]
desaparecer (vi)	verschwinden (vi)	[fɛɐ'ʃvɪndən]

lei (f)	Gesetz (n)	[gə'zɛts]
legal	gesetzlich	[gə'zɛtslɪç]
ilegal	ungesetzlich	['ʊngəˌzɛtslɪç]

| responsabilidade (f) | Verantwortlichkeit (f) | [fɛɐ'ʔantvɔʁtlɪçkaɪt] |
| responsável | verantwortlich | [fɛɐ'ʔantvɔʁtlɪç] |

NATUREZA

A Terra. Parte 1

122. Espaço sideral

cosmos (m)	Kosmos (m)	['kɔsmɔs]
cósmico	kosmisch, Raum-	['kɔsmɪʃ], ['ʀaʊm]
espaço (m) cósmico	Weltraum (m)	['vɛltʀaʊm]
mundo (m)	All (n)	[al]
universo (m)	Universum (n)	[uni'vɛʀzʊm]
galáxia (f)	Galaxie (f)	[gala'ksi:]
estrela (f)	Stern (m)	[ʃtɛʀn]
constelação (f)	Gestirn (n)	[gə'ʃtɪʀn]
planeta (m)	Planet (m)	[pla'ne:t]
satélite (m)	Satellit (m)	[zatɛ'li:t]
meteorito (m)	Meteorit (m)	[meteo'ʀi:t]
cometa (m)	Komet (m)	[ko'me:t]
asteroide (m)	Asteroid (m)	[asteʀo'i:t]
órbita (f)	Umlaufbahn (f)	['ʊmlaʊf‚ba:n]
girar (vi)	sich drehen	[zɪç 'dʀe:ən]
atmosfera (f)	Atmosphäre (f)	[ʔatmo'sfɛ:ʀə]
Sol (m)	Sonne (f)	['zɔnə]
Sistema (m) Solar	Sonnensystem (n)	['zɔnən‚zʏs‚te:m]
eclipse (m) solar	Sonnenfinsternis (f)	['zɔnən‚fɪnstenɪs]
Terra (f)	Erde (f)	['e:ɐdə]
Lua (f)	Mond (m)	[mo:nt]
Marte (m)	Mars (m)	[maʀs]
Vénus (m)	Venus (f)	['ve:nʊs]
Júpiter (m)	Jupiter (m)	['ju:pite]
Saturno (m)	Saturn (m)	[za'tʊʀn]
Mercúrio (m)	Merkur (m)	[mɛʀ'ku:ɐ]
Urano (m)	Uran (m)	[u'ʀa:n]
Neptuno (m)	Neptun (m)	[nɛp'tu:n]
Plutão (m)	Pluto (m)	['plu:to]
Via Láctea (f)	Milchstraße (f)	['mɪlçʃtʀa:sə]
Ursa Maior (f)	Der Große Bär	[de:ɐ 'gʀo:sə bɛ:ɐ]
Estrela Polar (f)	Polarstern (m)	[po'la:ɐʃtɛʀn]
marciano (m)	Marsbewohner (m)	['maʀs‚bə‚vo:nɐ]
extraterrestre (m)	Außerirdischer (m)	['aʊsɐ‚ʔɪʀdɪʃɐ]

| alienígena (m) | außerirdisches Wesen (n) | ['aʊsɐˌʔɪʁdɪʃəs 'veːzən] |
| disco (m) voador | fliegende Untertasse (f) | ['fliːɡəndə 'ʊntɐˌtasə] |

nave (f) espacial	Raumschiff (n)	['ʀaʊmˌʃɪf]
estação (f) orbital	Raumstation (f)	['ʀaʊm·ˌʃtatsjoːn]
lançamento (m)	Raketenstart (m)	[ʀa'keːtənˌʃtaʁt]

motor (m)	Triebwerk (n)	['tʀiːpˌvɛʁk]
bocal (m)	Düse (f)	['dyːzə]
combustível (m)	Treibstoff (m)	['tʀaɪpˌʃtɔf]

cabine (f)	Kabine (f)	[ka'biːnə]
antena (f)	Antenne (f)	[an'tɛnə]
vigia (f)	Bullauge (n)	['bʊlˌʔaʊɡə]
bateria (f) solar	Sonnenbatterie (f)	['zɔnənˌbatə'ʀiː]
traje (m) espacial	Raumanzug (m)	['ʀaʊmˌʔantsuːk]

| imponderabilidade (f) | Schwerelosigkeit (f) | ['ʃveːʀəˌloːzɪçkaɪt] |
| oxigénio (m) | Sauerstoff (m) | ['zaʊɐˌʃtɔf] |

| acoplagem (f) | Ankopplung (f) | ['aŋkɔplʊŋ] |
| fazer uma acoplagem | koppeln (vi) | ['kɔpəln] |

observatório (m)	Observatorium (n)	[ɔpzɛʁva'toːʀiʊm]
telescópio (m)	Teleskop (n)	[tele'skoːp]
observar (vt)	beobachten (vt)	[bə'ʔoːbaxtən]
explorar (vt)	erforschen (vt)	[ɛɐ'fɔʁʃən]

123. A Terra

Terra (f)	Erde (f)	['eːɐdə]
globo terrestre (Terra)	Erdkugel (f)	['eːɐt·kuːɡəl]
planeta (m)	Planet (m)	[pla'neːt]

atmosfera (f)	Atmosphäre (f)	[ʔatmo'sfɛːʀə]
geografia (f)	Geographie (f)	[ˌɡeoɡʀa'fiː]
natureza (f)	Natur (f)	[na'tuːɐ]

globo (mapa esférico)	Globus (m)	['gloːbʊs]
mapa (m)	Landkarte (f)	['lantˌkaʁtə]
atlas (m)	Atlas (m)	['atlas]

| Europa (f) | Europa (n) | [ɔɪ'ʀoːpa] |
| Ásia (f) | Asien (n) | ['aːziən] |

| África (f) | Afrika (n) | ['aːfʀika] |
| Austrália (f) | Australien (n) | [aʊs'tʀaːliən] |

América (f)	Amerika (n)	[a'meːʀika]
América (f) do Norte	Nordamerika (n)	['nɔʁtʔaˌmeːʀika]
América (f) do Sul	Südamerika (n)	['zyːtʔa'meːʀika]

| Antártida (f) | Antarktis (f) | [ant'ʔaʁktɪs] |
| Ártico (m) | Arktis (f) | ['aʁktɪs] |

124. Pontos cardeais

norte (m)	Norden (m)	['nɔʁdən]
para norte	nach Norden	[na:χ 'nɔʁdən]
no norte	im Norden	[ɪm 'nɔʁdən]
do norte	nördlich	['nœʁtlɪç]
sul (m)	Süden (m)	['zy:dən]
para sul	nach Süden	[na:χ 'zy:dən]
no sul	im Süden	[ɪm 'zy:dən]
do sul	südlich	['zy:tlɪç]
oeste, ocidente (m)	Westen (m)	['vɛstən]
para oeste	nach Westen	[na:χ 'vɛstən]
no oeste	im Westen	[ɪm 'vɛstən]
ocidental	westlich, West-	['vɛstlɪç], [vɛst]
leste, oriente (m)	Osten (m)	['ɔstən]
para leste	nach Osten	[na:χ 'ɔstən]
no leste	im Osten	[ɪm 'ɔstən]
oriental	östlich	['œstlɪç]

125. Mar. Oceano

mar (m)	Meer (n), See (f)	[me:ɐ], [ze:]
oceano (m)	Ozean (m)	['o:tsea:n]
golfo (m)	Golf (m)	[gɔlf]
estreito (m)	Meerenge (f)	['me:ɐˌʔɛŋə]
terra (f) firme	Festland (n)	['fɛstˌlant]
continente (m)	Kontinent (m)	['kɔntinɛnt]
ilha (f)	Insel (f)	['ɪnzəl]
península (f)	Halbinsel (f)	['halpˌʔɪnzəl]
arquipélago (m)	Archipel (m)	[ˌaʁçi'pe:l]
baía (f)	Bucht (f)	[bʊχt]
porto (m)	Hafen (m)	['ha:fən]
lagoa (f)	Lagune (f)	[la'gu:nə]
cabo (m)	Kap (n)	[kap]
atol (m)	Atoll (n)	[a'tɔl]
recife (m)	Riff (n)	[ʁɪf]
coral (m)	Koralle (f)	[ko'ʁalə]
recife (m) de coral	Korallenriff (n)	[ko'ʁalənˌʁɪf]
profundo	tief	[ti:f]
profundidade (f)	Tiefe (f)	['ti:fə]
abismo (m)	Abgrund (m)	['apˌgʁʊnt]
fossa (f) oceânica	Graben (m)	['gʁa:bən]
corrente (f)	Strom (m)	[ʃtʁo:m]
banhar (vt)	umspülen (vt)	['ʊmˌʃpy:lən]
litoral (m)	Ufer (n)	['u:fɐ]

costa (f)	Küste (f)	['kʏstə]
maré (f) alta	Flut (f)	[flu:t]
maré (f) baixa	Ebbe (f)	['ɛbə]
restinga (f)	Sandbank (f)	['zant͵baŋk]
fundo (m)	Boden (m)	['bo:dən]

onda (f)	Welle (f)	['vɛlə]
crista (f) da onda	Wellenkamm (m)	['vɛlən͵kam]
espuma (f)	Schaum (m)	[ʃaʊm]

tempestade (f)	Sturm (m)	[ʃtʊʁm]
furacão (m)	Orkan (m)	[ɔʁ'ka:n]
tsunami (m)	Tsunami (m)	[tsu'na:mi]
calmaria (f)	Windstille (f)	['vɪnt͵ʃtɪlə]
calmo	ruhig	['ʁu:ɪç]

| polo (m) | Pol (m) | [po:l] |
| polar | Polar- | [po'la:ɐ] |

latitude (f)	Breite (f)	['bʁaɪtə]
longitude (f)	Länge (f)	['lɛŋə]
paralela (f)	Breitenkreis (m)	['bʁaɪtəən·kʁaɪs]
equador (m)	Äquator (m)	[ɛ'kva:to:ɐ]

céu (m)	Himmel (m)	['hɪməl]
horizonte (m)	Horizont (m)	[hoʁi'tsɔnt]
ar (m)	Luft (f)	[lʊft]

farol (m)	Leuchtturm (m)	['lɔɪçt͵tʊʁm]
mergulhar (vi)	tauchen (vi)	['taʊxən]
afundar-se (vr)	versinken (vi)	[fɛɐ'zɪŋkən]
tesouros (m pl)	Schätze (pl)	['ʃɛtsə]

126. Nomes de Mares e Oceanos

Oceano (m) Atlântico	Atlantischer Ozean (m)	[at͵lantɪʃe 'o:tsea:n]
Oceano (m) Índico	Indischer Ozean (m)	['ɪndɪʃe 'o:tsea:n]
Oceano (m) Pacífico	Pazifischer Ozean (m)	[pa'tsi:fɪʃe 'o:tsea:n]
Oceano (m) Ártico	Arktischer Ozean (m)	['aʁktɪʃe 'o:tsea:n]

Mar (m) Negro	Schwarzes Meer (n)	['ʃvaʁtses 'me:ɐ]
Mar (m) Vermelho	Rotes Meer (n)	['ʁo:təs 'me:ɐ]
Mar (m) Amarelo	Gelbes Meer (n)	['gɛlbəs 'me:ɐ]
Mar (m) Branco	Weißes Meer (n)	[vaɪsəs 'me:ɐ]

Mar (m) Cáspio	Kaspisches Meer (n)	['kaspɪʃəs me:ɐ]
Mar (m) Morto	Totes Meer (n)	['to:təs me:ɐ]
Mar (m) Mediterrâneo	Mittelmeer (n)	['mɪtəl͵me:ɐ]

| Mar (m) Egeu | Ägäisches Meer (n) | [ɛ'gɛ:ɪʃəs 'me:ɐ] |
| Mar (m) Adriático | Adriatisches Meer (n) | [adʁi'a:tɪʃəs 'me:ɐ] |

| Mar (m) Arábico | Arabisches Meer (n) | [a'ʁa:bɪʃəs 'me:ɐ] |
| Mar (m) do Japão | Japanisches Meer (n) | [ja'pa:nɪʃəs me:ɐ] |

| Mar (m) de Bering | Beringmeer (n) | ['be:ʀɪŋ͵me:ɐ] |
| Mar (m) da China Meridional | Südchinesisches Meer (n) | ['zy:t·çi'ne:zɪʃəs me:ɐ] |

Mar (m) de Coral	Korallenmeer (n)	[ko'ʀalən͵me:ɐ]
Mar (m) de Tasman	Tasmansee (f)	[tas'ma:n·ze:]
Mar (m) do Caribe	Karibisches Meer (n)	[ka'ʀi:bɪʃəs 'me:ɐ]

| Mar (m) de Barents | Barentssee (f) | ['ba:ʀents·ze:] |
| Mar (m) de Kara | Karasee (f) | ['kaʀa͵ze:] |

Mar (m) do Norte	Nordsee (f)	['nɔʁt͵ze:]
Mar (m) Báltico	Ostsee (f)	['ɔstze:]
Mar (m) da Noruega	Nordmeer (n)	['nɔʁt͵me:ɐ]

127. Montanhas

montanha (f)	Berg (m)	[bɛʁk]
cordilheira (f)	Gebirgskette (f)	[gə'bɪʁks͵kɛtə]
serra (f)	Bergrücken (m)	['bɛʁk͵ʀʏkən]

cume (m)	Gipfel (m)	['gɪpfəl]
pico (m)	Spitze (f)	['ʃpɪtsə]
sopé (m)	Bergfuß (m)	['bɛʁk͵fu:s]
declive (m)	Abhang (m)	['ap͵haŋ]

vulcão (m)	Vulkan (m)	[vʊl'ka:n]
vulcão (m) ativo	tätiger Vulkan (m)	['tɛ:tɪge vʊl'ka:n]
vulcão (m) extinto	schlafender Vulkan (m)	['ʃla:fəndɐ vʊl'ka:n]

erupção (f)	Ausbruch (m)	['aʊs͵bʀʊχ]
cratera (f)	Krater (m)	['kʀa:tɐ]
magma (m)	Magma (n)	['magma]
lava (f)	Lava (f)	['la:va]
fundido (lava ~a)	glühend heiß	['gly:ənt 'haɪs]

desfiladeiro (m)	Cañon (m)	[ka'njɔn]
garganta (f)	Schlucht (f)	[ʃlʊχt]
fenda (f)	Spalte (f)	['ʃpaltə]
precipício (m)	Abgrund (m)	['ap͵gʀʊnt]

passo, colo (m)	Gebirgspass (m)	[gə'bɪʁks͵pas]
planalto (m)	Plateau (n)	[pla'to:]
falésia (f)	Fels (m)	[fɛls]
colina (f)	Hügel (m)	['hy:gəl]

glaciar (m)	Gletscher (m)	['glɛtʃɐ]
queda (f) d'água	Wasserfall (m)	['vasɐ͵fal]
géiser (m)	Geiser (m)	['gaɪzɐ]
lago (m)	See (m)	[ze:]

planície (f)	Ebene (f)	['e:bənə]
paisagem (f)	Landschaft (f)	['lantʃaft]
eco (m)	Echo (n)	['ɛço]
alpinista (m)	Bergsteiger (m)	['bɛʁkʃtaɪgɐ]

escalador (m)	**Kletterer** (m)	['klɛtəʀɐ]
conquistar (vt)	**bezwingen** (vt)	[bə'tsvɪŋən]
subida, escalada (f)	**Aufstieg** (m)	['aʊfˌʃtiːk]

128. Nomes de montanhas

Alpes (m pl)	**Alpen** (pl)	['alpən]
monte Branco (m)	**Montblanc** (m)	[moŋ'blaŋ]
Pirineus (m pl)	**Pyrenäen** (pl)	[pyʀe'nɛːən]
Cárpatos (m pl)	**Karpaten** (pl)	[kaʁ'paːtən]
montes (m pl) Urais	**Ural** (m), **Uralgebirge** (n)	[u'ʀaːl], [u'ʀaːlˈgə'bɪʁgə]
Cáucaso (m)	**Kaukasus** (m)	['kaʊkazʊs]
Elbrus (m)	**Elbrus** (m)	[ɛl'bʀʊs]
Altai (m)	**Altai** (m)	[al'taɪ]
Tian Shan (m)	**Tian Shan** (m)	['tjaːn 'ʃaːn]
Pamir (m)	**Pamir** (m)	[pa'miːɐ]
Himalaias (m pl)	**Himalaja** (m)	[hima'laːja]
monte (m) Everest	**Everest** (m)	['ɛvəʀɛst]
Cordilheira (f) dos Andes	**Anden** (pl)	['andən]
Kilimanjaro (m)	**Kilimandscharo** (m)	[kiliman'dʒaːʀo]

129. Rios

rio (m)	**Fluss** (m)	[flʊs]
fonte, nascente (f)	**Quelle** (f)	['kvɛlə]
leito (m) do rio	**Flussbett** (n)	['flʊsˌbɛt]
bacia (f)	**Stromgebiet** (n)	['ʃtʀoːmˈgə'biːt]
desaguar no ...	**einmünden in ...**	['aɪnˌmʏndən ɪn]
afluente (m)	**Nebenfluss** (m)	['neːbənˌflʊs]
margem (do rio)	**Ufer** (n)	['uːfɐ]
corrente (f)	**Strom** (m)	[ʃtʀoːm]
rio abaixo	**stromabwärts**	['ʃtʀoːmˌapvɛʁts]
rio acima	**stromaufwärts**	['ʃtʀoːmˌaʊfvɛʁts]
inundação (f)	**Überschwemmung** (f)	[yːbɐ'ʃvɛmʊŋ]
cheia (f)	**Hochwasser** (n)	['hoːχˌvasɐ]
transbordar (vi)	**aus den Ufern treten**	['aʊs den 'uːfɐn 'tʀeːtən]
inundar (vt)	**überfluten** (vt)	[ˌyːbɐ'fluːtən]
baixio (m)	**Sandbank** (f)	['zantˌbaŋk]
rápidos (m pl)	**Stromschnelle** (f)	['ʃtʀoːmˌʃnɛlə]
barragem (f)	**Damm** (m)	[dam]
canal (m)	**Kanal** (m)	[ka'naːl]
reservatório (m) de água	**Stausee** (m)	['ʃtaʊzeː]
eclusa (f)	**Schleuse** (f)	['ʃlɔɪzə]
corpo (m) de água	**Gewässer** (n)	[gə'vɛsɐ]

pântano (m)	**Sumpf** (m), **Moor** (n)	[zʊmpf], [moːɐ]
tremedal (m)	**Marsch** (f)	[maɐʃ]
remoinho (m)	**Strudel** (m)	['ʃtʀuːdəl]
arroio, regato (m)	**Bach** (m)	[baχ]
potável	**Trink-**	['tʀɪŋk]
doce (água)	**Süß-**	[zyːs]
gelo (m)	**Eis** (n)	[aɪs]
congelar-se (vr)	**zufrieren** (vi)	['tsuːˌfʀiːʀən]

130. Nomes de rios

rio Sena (m)	**Seine** (f)	['zɛːnə]
rio Loire (m)	**Loire** (f)	[luˈaːʀ]
rio Tamisa (m)	**Themse** (f)	['tɛmzə]
rio Reno (m)	**Rhein** (m)	[ʀaɪn]
rio Danúbio (m)	**Donau** (f)	['doːnaʊ]
rio Volga (m)	**Wolga** (f)	['voːlga]
rio Don (m)	**Don** (m)	[dɔn]
rio Lena (m)	**Lena** (f)	['leːna]
rio Amarelo (m)	**Gelber Fluss** (m)	['gɛlbɐ 'flʊs]
rio Yangtzé (m)	**Jangtse** (m)	['jangtsɛ]
rio Mekong (m)	**Mekong** (m)	['meːkɔŋ]
rio Ganges (m)	**Ganges** (m)	['gaŋgɛs], ['gaŋəs]
rio Nilo (m)	**Nil** (m)	[niːl]
rio Congo (m)	**Kongo** (m)	['kɔŋgo]
rio Cubango (m)	**Okavango** (m)	[ɔkaˈvaŋgo]
rio Zambeze (m)	**Sambesi** (m)	[zamˈbeːzi]
rio Limpopo (m)	**Limpopo** (m)	[limpɔˈpo]
rio Mississípi (m)	**Mississippi** (m)	[mɪsɪˈsɪpi]

131. Floresta

floresta (f), bosque (m)	**Wald** (m)	[valt]
florestal	**Wald-**	['valt]
mata (f) cerrada	**Dickicht** (n)	['dɪkɪçt]
arvoredo (m)	**Gehölz** (n)	[gəˈhœlts]
clareira (f)	**Lichtung** (f)	['lɪçtʊŋ]
matagal (f)	**Dickicht** (n)	['dɪkɪçt]
mato (m)	**Gebüsch** (n)	[gəˈbʏʃ]
vereda (f)	**Fußweg** (m)	['fuːsˌveːk]
ravina (f)	**Erosionsrinne** (f)	[eʀoˈzɪoːnsˈʀɪnə]
árvore (f)	**Baum** (m)	[baʊm]
folha (f)	**Blatt** (n)	[blat]

folhagem (f)	Laub (n)	[laʊp]
queda (f) das folha	Laubfall (m)	['laʊpˌfal]
cair (vi)	fallen (vi)	['falən]
topo (m)	Wipfel (m)	['vɪpfəl]

ramo (m)	Zweig (m)	[tsvaɪk]
galho (m)	Ast (m)	[ast]
botão, rebento (m)	Knospe (f)	['knɔspə]
agulha (f)	Nadel (f)	['naːdəl]
pinha (f)	Zapfen (m)	['tsapfən]

buraco (m) de árvore	Höhlung (f)	['høːˌlʊŋ]
ninho (m)	Nest (n)	[nɛst]
toca (f)	Höhle (f)	['høːlə]

tronco (m)	Stamm (m)	[ʃtam]
raiz (f)	Wurzel (f)	['vʊʁtsəl]
casca (f) de árvore	Rinde (f)	['ʁɪndə]
musgo (m)	Moos (n)	['moːs]

arrancar pela raiz	entwurzeln (vt)	[ɛntˈvʊʁtsəln]
cortar (vt)	fällen (vt)	['fɛlən]
desflorestar (vt)	abholzen (vt)	['apˌhɔltsən]
toco, cepo (m)	Baumstumpf (m)	['baʊmˌʃtʊmpf]

fogueira (f)	Lagerfeuer (n)	['laːgeˌfɔɪɐ]
incêndio (m) florestal	Waldbrand (m)	['valtˌbʁant]
apagar (vt)	löschen (vt)	['lœʃən]

guarda-florestal (m)	Förster (m)	['fœʁstɐ]
proteção (f)	Schutz (m)	[ʃʊts]
proteger (a natureza)	beschützen (vt)	[bəˈʃʏtsən]
caçador (m) furtivo	Wilddieb (m)	['vɪltˌdiːp]
armadilha (f)	Falle (f)	['falə]

colher (cogumelos)	sammeln (vt)	['zaməln]
colher (bagas)	pflücken (vt)	['pflʏkən]
perder-se (vr)	sich verirren	[zɪç fɛɐ̯ˈʔɪʁən]

132. Recursos naturais

recursos (m pl) naturais	Naturressourcen (pl)	[naˈtuːɐ̯ʁɛˈsʊʁsən]
minerais (m pl)	Bodenschätze (pl)	['boːdənˌʃɛtsə]
depósitos (m pl)	Vorkommen (n)	['foːɐ̯ˌkɔmən]
jazida (f)	Feld (n)	[fɛlt]

extrair (vt)	gewinnen (vt)	[gəˈvɪnən]
extração (f)	Gewinnung (f)	[gəˈvɪnʊŋ]
minério (m)	Erz (n)	[eːɐ̯ts]
mina (f)	Bergwerk (n)	['bɛʁkˌvɛʁk]
poço (m) de mina	Schacht (m)	[ʃaxt]
mineiro (m)	Bergarbeiter (m)	['bɛʁkʔaʁˌbaɪtɐ]
gás (m)	Erdgas (n)	['eːɐ̯tˌgaːs]
gasoduto (m)	Gasleitung (f)	['gaːsˌlaɪtʊŋ]

petróleo (m)	Erdöl (n)	['eːɐt̩ʔøːl]
oleoduto (m)	Erdölleitung (f)	['eːɐt̩ʔøːlˌlaɪtʊŋ]
poço (m) de petróleo	Ölquelle (f)	['øːlˌkvɛlə]
torre (f) petrolífera	Bohrturm (m)	['boːɐ̯ˌtʊʁm]
petroleiro (m)	Tanker (m)	['taŋkɐ]

areia (f)	Sand (m)	[zant]
calcário (m)	Kalkstein (m)	['kalkˌʃtaɪn]
cascalho (m)	Kies (m)	[kiːs]
turfa (f)	Torf (m)	[tɔʁf]
argila (f)	Ton (m)	[toːn]
carvão (m)	Kohle (f)	['koːlə]

ferro (m)	Eisen (n)	['aɪzən]
ouro (m)	Gold (n)	[gɔlt]
prata (f)	Silber (n)	['zɪlbə]
níquel (m)	Nickel (n)	['nɪkəl]
cobre (m)	Kupfer (n)	['kʊpfɐ]

zinco (m)	Zink (n)	[tsɪŋk]
manganês (m)	Mangan (n)	[maŋ'gaːn]
mercúrio (m)	Quecksilber (n)	['kvɛkˌzɪlbɐ]
chumbo (m)	Blei (n)	[blaɪ]

mineral (m)	Mineral (n)	[mɪne'ʁaːl]
cristal (m)	Kristall (m)	[kʁɪs'tal]
mármore (m)	Marmor (m)	['maʁmoːɐ]
urânio (m)	Uran (n)	[u'ʁaːn]

A Terra. Parte 2

133. Tempo

tempo (m)	**Wetter** (n)	['vɛtɐ]
previsão (f) do tempo	**Wetterbericht** (m)	['vɛtɐbə‚ʀɪçt]
temperatura (f)	**Temperatur** (f)	[tɛmpɐʀa'tu:ɐ]
termómetro (m)	**Thermometer** (n)	[tɛʁmo'me:tɐ]
barómetro (m)	**Barometer** (n)	[baʀo'me:tɐ]
húmido	**feucht**	[fɔɪçt]
humidade (f)	**Feuchtigkeit** (f)	['fɔɪçtɪçkaɪt]
calor (m)	**Hitze** (f)	['hɪtsə]
cálido	**glutheiß**	['glu:t‚haɪs]
está muito calor	**ist heiß**	[ist haɪs]
está calor	**ist warm**	[ist vaʁm]
quente	**warm**	[vaʁm]
está frio	**ist kalt**	[ist kalt]
frio	**kalt**	[kalt]
sol (m)	**Sonne** (f)	['zɔnə]
brilhar (vi)	**scheinen** (vi)	['ʃaɪnən]
de sol, ensolarado	**sonnig**	['zɔnɪç]
nascer (vi)	**aufgehen** (vi)	['aʊf‚ge:ən]
pôr-se (vr)	**untergehen** (vi)	['ʊntɐ‚ge:ən]
nuvem (f)	**Wolke** (f)	['vɔlkə]
nublado	**bewölkt**	[bə'vœlkt]
nuvem (f) preta	**Regenwolke** (f)	['ʀe:gən‚vɔlkə]
escuro, cinzento	**trüb**	[tʀy:p]
chuva (f)	**Regen** (m)	['ʀe:gən]
está a chover	**Es regnet**	[ɛs 'ʀe:gnət]
chuvoso	**regnerisch**	['ʀe:gnəʀɪʃ]
chuviscar (vi)	**nieseln** (vi)	['ni:zəln]
chuva (f) torrencial	**strömender Regen** (m)	['ʃtʀø:məntdə 'ʀe:gən]
chuvada (f)	**Regenschauer** (m)	['ʀe:gən‚ʃaʊɐ]
forte (chuva)	**stark**	[ʃtaʁk]
poça (f)	**Pfütze** (f)	['pfʏtsə]
molhar-se (vr)	**nass werden** (vi)	[nas 've:ɐdən]
nevoeiro (m)	**Nebel** (m)	['ne:bəl]
de nevoeiro	**neblig**	['ne:blɪç]
neve (f)	**Schnee** (m)	[ʃne:]
está a nevar	**Es schneit**	[ɛs 'ʃnaɪt]

134. Tempo extremo. Catástrofes naturais

trovoada (f)	Gewitter (n)	[gə'vɪtɐ]
relâmpago (m)	Blitz (m)	[blɪts]
relampejar (vi)	blitzen (vi)	['blɪtsən]
trovão (m)	Donner (m)	['dɔnɐ]
trovejar (vi)	donnern (vi)	['dɔnɐn]
está a trovejar	Es donnert	[ɛs 'dɔnɐt]
granizo (m)	Hagel (m)	['ha:gəl]
está a cair granizo	Es hagelt	[ɛs 'ha:gəlt]
inundar (vt)	überfluten (vt)	[ˌy:bɐ'flu:tən]
inundação (f)	Überschwemmung (f)	[y:bɐ'ʃvɛmʊŋ]
terremoto (m)	Erdbeben (n)	['e:ɐtˌbe:bən]
abalo, tremor (m)	Erschütterung (f)	[ɛɐ'ʃʏtəRʊŋ]
epicentro (m)	Epizentrum (n)	[ˌepi'tsɛntRʊm]
erupção (f)	Ausbruch (m)	['aʊsˌbRʊx]
lava (f)	Lava (f)	['la:va]
turbilhão (m)	Wirbelsturm (m)	['vɪRbəlˌʃtʊRm]
tornado (m)	Tornado (m)	[tɔʁ'na:do]
tufão (m)	Taifun (m)	[taɪ'fu:n]
furacão (m)	Orkan (m)	[ɔʁ'ka:n]
tempestade (f)	Sturm (m)	[ʃtʊRm]
tsunami (m)	Tsunami (m)	[tsu'na:mi]
ciclone (m)	Zyklon (m)	[tsy'klo:n]
mau tempo (m)	Unwetter (n)	['ʊnˌvɛtɐ]
incêndio (m)	Brand (m)	[bRant]
catástrofe (f)	Katastrophe (f)	[ˌkatas'tRo:fə]
meteorito (m)	Meteorit (m)	[meteo'Ri:t]
avalanche (f)	Lawine (f)	[la'vi:nə]
deslizamento (f) de neve	Schneelawine (f)	['ʃne:laˌvi:nə]
nevasca (f)	Schneegestöber (n)	['ʃne:gəˌʃtø:bɐ]
tempestade (f) de neve	Schneesturm (m)	['ʃne:ˌʃtʊRm]

Fauna

135. Mamíferos. Predadores

predador (m)	Raubtier (n)	['ʀaʊptiːɐ]
tigre (m)	Tiger (m)	['tiːgɐ]
leão (m)	Löwe (m)	['løːvə]
lobo (m)	Wolf (m)	[vɔlf]
raposa (f)	Fuchs (m)	[fʊks]
jaguar (m)	Jaguar (m)	['jaːguaːɐ]
leopardo (m)	Leopard (m)	[leoˈpaʀt]
chita (f)	Gepard (m)	[geˈpaʀt]
pantera (f)	Panther (m)	['pantɐ]
puma (m)	Puma (m)	['puːma]
leopardo-das-neves (m)	Schneeleopard (m)	['ʃneːleoˌpaʀt]
lince (m)	Luchs (m)	[lʊks]
coiote (m)	Kojote (m)	[kɔˈjoːtə]
chacal (m)	Schakal (m)	[ʃaˈkaːl]
hiena (f)	Hyäne (f)	['hyɛːnə]

136. Animais selvagens

animal (m)	Tier (n)	[tiːɐ]
besta (f)	Bestie (f)	['bɛstɪə]
esquilo (m)	Eichhörnchen (n)	['aɪçˌhœʀnçən]
ouriço (m)	Igel (m)	['iːgəl]
lebre (f)	Hase (m)	['haːzə]
coelho (m)	Kaninchen (n)	[kaˈniːnçən]
texugo (m)	Dachs (m)	[daks]
guaxinim (m)	Waschbär (m)	['vaʃˌbɛːɐ]
hamster (m)	Hamster (m)	['hamstɐ]
marmota (f)	Murmeltier (n)	['mʊʀməlˌtiːɐ]
toupeira (f)	Maulwurf (m)	['maʊlˌvʊʀf]
rato (m)	Maus (f)	[maʊs]
ratazana (f)	Ratte (f)	['ʀatə]
morcego (m)	Fledermaus (f)	['fleːdɐˌmaʊs]
arminho (m)	Hermelin (n)	[hɛʀməˈliːn]
zibelina (f)	Zobel (m)	['tsoːbəl]
marta (f)	Marder (m)	['maʀdɐ]
doninha (f)	Wiesel (n)	['viːzəl]
vison (m)	Nerz (m)	[nɛʀts]

castor (m)	Biber (m)	['bi:bɐ]
lontra (f)	Fischotter (m)	['fɪʃ.ʔɔtɐ]
cavalo (m)	Pferd (n)	[pfe:ɐt]
alce (m) americano	Elch (m)	[ɛlç]
veado (m)	Hirsch (m)	[hɪʁʃ]
camelo (m)	Kamel (n)	[ka'me:l]
bisão (m)	Bison (m)	['bi:zɔn]
auroque (m)	Wisent (m)	['vi:zɛnt]
búfalo (m)	Büffel (m)	['bʏfəl]
zebra (f)	Zebra (n)	['tse:bʀa]
antílope (m)	Antilope (f)	[anti'lo:pə]
corça (f)	Reh (n)	[ʀe:]
gamo (m)	Damhirsch (m)	['damhɪʁʃ]
camurça (f)	Gämse (f)	['gɛmzə]
javali (m)	Wildschwein (n)	['vɪltʃvaɪn]
baleia (f)	Wal (m)	[va:l]
foca (f)	Seehund (m)	['ze:ˌhʊnt]
morsa (f)	Walroß (n)	['va:lˌʀɔs]
urso-marinho (m)	Seebär (m)	['ze:ˌbɛ:ɐ]
golfinho (m)	Delfin (m)	[dɛl'fi:n]
urso (m)	Bär (m)	[bɛ:ɐ]
urso (m) branco	Eisbär (m)	['aɪsˌbɛ:ɐ]
panda (m)	Panda (m)	['panda]
macaco (em geral)	Affe (m)	['afə]
chimpanzé (m)	Schimpanse (m)	[ʃɪm'panzə]
orangotango (m)	Orang-Utan (m)	['o:ʀaŋˌʔu:tan]
gorila (m)	Gorilla (m)	[go'ʀɪla]
macaco (m)	Makak (m)	[ma'kak]
gibão (m)	Gibbon (m)	['gɪbɔn]
elefante (m)	Elefant (m)	[ele'fant]
rinoceronte (m)	Nashorn (n)	['na:sˌhɔʁn]
girafa (f)	Giraffe (f)	[ˌgi'ʀafə]
hipopótamo (m)	Flusspferd (n)	['flʊsˌpfe:ɐt]
canguru (m)	Känguru (n)	['kɛŋguʀu]
coala (m)	Koala (m)	[ko'a:la]
mangusto (m)	Manguste (f)	[maŋ'gʊstə]
chinchila (f)	Chinchilla (n)	[tʃɪn'tʃɪla]
doninha-fedorenta (f)	Stinktier (n)	['ʃtɪŋkˌti:ɐ]
porco-espinho (m)	Stachelschwein (n)	['ʃtaxəlʃvaɪn]

137. Animais domésticos

gata (f)	Katze (f)	['katsə]
gato (m) macho	Kater (m)	['ka:tɐ]
cão (m)	Hund (m)	[hʊnt]

cavalo (m)	Pferd (n)	[pfe:ɐt]
garanhão (m)	Hengst (m)	['hɛŋst]
égua (f)	Stute (f)	['ʃtu:tǝ]
vaca (f)	Kuh (f)	[ku:]
touro (m)	Stier (m)	[ʃti:ɐ]
boi (m)	Ochse (m)	['ɔksǝ]
ovelha (f)	Schaf (n)	[ʃa:f]
carneiro (m)	Widder (m)	['vɪdɐ]
cabra (f)	Ziege (f)	['tsi:gǝ]
bode (m)	Ziegenbock (m)	['tsi:gǝnˌbɔk]
burro (m)	Esel (m)	['e:zǝl]
mula (f)	Maultier (n)	['maʊlˌti:ɐ]
porco (m)	Schwein (n)	[ʃvaɪn]
porquinho (m)	Ferkel (n)	['fɛʁkǝl]
coelho (m)	Kaninchen (n)	[ka'ni:nçǝn]
galinha (f)	Huhn (n)	[hu:n]
galo (m)	Hahn (m)	[ha:n]
pato (m), pata (f)	Ente (f)	['ɛntǝ]
pato (macho)	Enterich (m)	['ɛntǝʁɪç]
ganso (m)	Gans (f)	[gans]
peru (m)	Puter (m)	['pu:tǝ]
perua (f)	Pute (f)	['pu:tǝ]
animais (m pl) domésticos	Haustiere (pl)	['haʊsˌti:ʁǝ]
domesticado	zahm	[tsa:m]
domesticar (vt)	zähmen (vt)	['tsɛ:mǝn]
criar (vt)	züchten (vt)	['tsʏçtǝn]
quinta (f)	Farm (f)	[faʁm]
aves (f pl) domésticas	Geflügel (n)	[gǝ'fly:gǝl]
gado (m)	Vieh (n)	[fi:]
rebanho (m), manada (f)	Herde (f)	['he:ɐdǝ]
estábulo (m)	Pferdestall (m)	['pfe:ɐdǝʃtal]
pocilga (f)	Schweinestall (m)	['ʃvaɪnǝʃtal]
estábulo (m)	Kuhstall (m)	['ku:ʃtal]
coelheira (f)	Kaninchenstall (m)	[ka'ni:nçǝnʃtal]
galinheiro (m)	Hühnerstall (m)	['hy:nɐʃtal]

138. Pássaros

pássaro, ave (m)	Vogel (m)	['fo:gǝl]
pombo (m)	Taube (f)	['taʊbǝ]
pardal (m)	Spatz (m)	[ʃpats]
chapim-real (m)	Meise (f)	['maɪzǝ]
pega-rabuda (f)	Elster (f)	['ɛlstɐ]
corvo (m)	Rabe (m)	['ʁa:bǝ]

gralha (f) cinzenta	Krähe (f)	['kʀɛ:ə]
gralha-de-nuca-cinzenta (f)	Dohle (f)	['do:lə]
gralha-calva (f)	Saatkrähe (f)	['za:t͜kʀɛ:ə]
pato (m)	Ente (f)	['ɛntə]
ganso (m)	Gans (f)	[gans]
faisão (m)	Fasan (m)	[fa'za:n]
águia (f)	Adler (m)	['a:dlɐ]
açor (m)	Habicht (m)	['ha:bɪçt]
falcão (m)	Falke (m)	['falkə]
abutre (m)	Greif (m)	[gʀaɪf]
condor (m)	Kondor (m)	['kɔndo:ɐ]
cisne (m)	Schwan (m)	[ʃva:n]
grou (m)	Kranich (m)	['kʀa:nɪç]
cegonha (f)	Storch (m)	[ʃtɔʀç]
papagaio (m)	Papagei (m)	[papa'gaɪ]
beija-flor (m)	Kolibri (m)	['ko:libʀi]
pavão (m)	Pfau (m)	[pfaʊ]
avestruz (f)	Strauß (m)	[ʃtʀaʊs]
garça (f)	Reiher (m)	['ʀaɪɐ]
flamingo (m)	Flamingo (m)	[fla'mɪŋgo]
pelicano (m)	Pelikan (m)	['pe:lika:n]
rouxinol (m)	Nachtigall (f)	['naχtɪgall]
andorinha (f)	Schwalbe (f)	['ʃvalbə]
tordo-zornal (m)	Drossel (f)	['dʀɔsel]
tordo-músico (m)	Singdrossel (f)	['zɪŋ͜dʀɔsel]
melro-preto (m)	Amsel (f)	['amzəl]
andorinhão (m)	Segler (m)	['ze:glɐ]
cotovia (f)	Lerche (f)	['lɛʀçə]
codorna (f)	Wachtel (f)	['vaχtəl]
pica-pau (m)	Specht (m)	[ʃpɛçt]
cuco (m)	Kuckuck (m)	['kʊkʊk]
coruja (f)	Eule (f)	['ɔɪlə]
corujão, bufo (m)	Uhu (m)	['u:hu]
tetraz-grande (m)	Auerhahn (m)	['aʊɐˌha:n]
tetraz-lira (m)	Birkhahn (m)	['bɪʀkˌha:n]
perdiz-cinzenta (f)	Rebhuhn (n)	['ʀe:pˌhu:n]
estorninho (m)	Star (m)	[ʃta:ɐ]
canário (m)	Kanarienvogel (m)	[ka'na:ʀɪənˌfo:gəl]
galinha-do-mato (f)	Haselhuhn (n)	['ha:zəlˌhu:n]
tentilhão (m)	Buchfink (m)	['bu:χfɪŋk]
dom-fafe (m)	Gimpel (m)	['gɪmpəl]
gaivota (f)	Möwe (f)	['mø:və]
albatroz (m)	Albatros (m)	['albatʀɔs]
pinguim (m)	Pinguin (m)	['pɪŋgui:n]

139. Peixes. Animais marinhos

brema (f)	Brachse (f)	['bʀaksə]
carpa (f)	Karpfen (m)	['kaʁpfən]
perca (f)	Barsch (m)	[baʁʃ]
siluro (m)	Wels (m)	[vɛls]
lúcio (m)	Hecht (m)	[hɛçt]
salmão (m)	Lachs (m)	[laks]
esturjão (m)	Stör (m)	[ʃtøːɐ]
arenque (m)	Hering (m)	['heːʀɪŋ]
salmão (m)	atlantische Lachs (m)	[at'lantɪʃə laks]
cavala, sarda (f)	Makrele (f)	[ma'kʀeːlə]
solha (f)	Scholle (f)	['ʃɔlə]
lúcio perca (m)	Zander (m)	['tsandɐ]
bacalhau (m)	Dorsch (m)	[dɔʁʃ]
atum (m)	Tunfisch (m)	['tuːnfɪʃ]
truta (f)	Forelle (f)	[ˌfo'ʀɛlə]
enguia (f)	Aal (m)	[aːl]
raia elétrica (f)	Zitterrochen (m)	['tsɪtɐˌʀɔχən]
moreia (f)	Muräne (f)	[mu'ʀɛːnə]
piranha (f)	Piranha (m)	[pi'ʀanja]
tubarão (m)	Hai (m)	[haɪ]
golfinho (m)	Delfin (m)	[dɛl'fiːn]
baleia (f)	Wal (m)	[vaːl]
caranguejo (m)	Krabbe (f)	['kʀabə]
medusa, alforreca (f)	Meduse (f)	[me'duːzə]
polvo (m)	Krake (m)	['kʀaːkə]
estrela-do-mar (f)	Seestern (m)	['zeːˌʃtɛʁn]
ouriço-do-mar (m)	Seeigel (m)	['zeːˌʔiːgəl]
cavalo-marinho (m)	Seepferdchen (n)	['zeːˌpfeːɐtçən]
ostra (f)	Auster (f)	['aʊstɐ]
camarão (m)	Garnele (f)	[gaʁ'neːlə]
lavagante (m)	Hummer (m)	['hʊmɐ]
lagosta (f)	Languste (f)	[laŋ'gʊstə]

140. Amfíbios. Répteis

serpente, cobra (f)	Schlange (f)	['ʃlaŋə]
venenoso	Gift-, giftig	[gɪft], ['gɪftɪç]
víbora (f)	Viper (f)	['viːpɐ]
cobra-capelo, naja (f)	Kobra (f)	['koːbʀa]
pitão (m)	Python (m)	['pyːtɔn]
jiboia (f)	Boa (f)	['boːa]
cobra-de-água (f)	Ringelnatter (f)	['ʀɪŋəlˌnatɐ]

| cascavel (f) | Klapperschlange (f) | ['klapɐˌʃlaŋə] |
| anaconda (f) | Anakonda (f) | [ana'kɔnda] |

lagarto (m)	Eidechse (f)	['aɪdɛksə]
iguana (f)	Leguan (m)	['le:gua:n]
varano (m)	Waran (m)	[va'ʁa:n]
salamandra (f)	Salamander (m)	[zala'mandɐ]
camaleão (m)	Chamäleon (n)	[ka'mɛ:leˌɔn]
escorpião (m)	Skorpion (m)	[skɔʁ'pjo:n]

tartaruga (f)	Schildkröte (f)	['ʃɪltˌkʁø:tə]
rã (f)	Frosch (m)	[fʁɔʃ]
sapo (m)	Kröte (f)	['kʁø:tə]
crocodilo (m)	Krokodil (n)	[kʁoko'di:l]

141. Insetos

inseto (m)	Insekt (n)	[ɪn'zɛkt]
borboleta (f)	Schmetterling (m)	['ʃmɛtelɪŋ]
formiga (f)	Ameise (f)	['a:maɪzə]
mosca (f)	Fliege (f)	['fli:gə]
mosquito (m)	Mücke (f)	['mʏkə]
escaravelho (m)	Käfer (m)	['kɛ:fɐ]

vespa (f)	Wespe (f)	['vɛspə]
abelha (f)	Biene (f)	['bi:nə]
zangão (m)	Hummel (f)	['hʊməl]
moscardo (m)	Bremse (f)	['bʁɛmzə]

| aranha (f) | Spinne (f) | ['ʃpɪnə] |
| teia (f) de aranha | Spinnennetz (n) | ['ʃpɪnənˌnɛts] |

libélula (f)	Libelle (f)	[li'bɛlə]
gafanhoto-do-campo (m)	Grashüpfer (m)	['gʁa:sˌhʏpfɐ]
traça (f)	Schmetterling (m)	['ʃmɛtelɪŋ]

barata (f)	Schabe (f)	['ʃa:bə]
carraça (f)	Zecke (f)	['tsɛkə]
pulga (f)	Floh (m)	[flo:]
borrachudo (m)	Kriebelmücke (f)	['kʁi:bəlˌmʏkə]

gafanhoto (m)	Heuschrecke (f)	['hɔɪʃʁɛkə]
caracol (m)	Schnecke (f)	['ʃnɛkə]
grilo (m)	Heimchen (n)	['haɪmçən]
pirilampo (m)	Leuchtkäfer (m)	['lɔɪçtˌkɛ:fɐ]
joaninha (f)	Marienkäfer (m)	[ma'ʁi:ənˌkɛ:fɐ]
besouro (m)	Maikäfer (m)	['maɪˌkɛ:fɐ]

sanguessuga (f)	Blutegel (m)	['blu:tˌʔe:gəl]
lagarta (f)	Raupe (f)	['ʁaʊpə]
minhoca (f)	Wurm (m)	[vʊʁm]
larva (f)	Larve (f)	['laʁfə]

Flora

142. Árvores

árvore (f)	Baum (m)	[baʊm]
decídua	Laub-	[laʊp]
conífera	Nadel-	['naːdəl]
perene	immergrün	['ɪmɐˌɡʀyːn]
macieira (f)	Apfelbaum (m)	['apfəlˌbaʊm]
pereira (f)	Birnbaum (m)	['bɪʁnˌbaʊm]
cerejeira (f)	Süßkirschbaum (m)	['zyːskɪʁʃˌbaʊm]
ginjeira (f)	Sauerkirschbaum (m)	[zaʊə'kɪʁʃˌbaʊm]
ameixeira (f)	Pflaumenbaum (m)	['pflaʊmənˌbaʊm]
bétula (f)	Birke (f)	['bɪʁkə]
carvalho (m)	Eiche (f)	['aɪçə]
tília (f)	Linde (f)	['lɪndə]
choupo-tremedor (m)	Espe (f)	['ɛspə]
bordo (m)	Ahorn (m)	['aːhɔʁn]
espruce-europeu (m)	Fichte (f)	['fɪçtə]
pinheiro (m)	Kiefer (f)	['kiːfɐ]
alerce, lariço (m)	Lärche (f)	['lɛʁçə]
abeto (m)	Tanne (f)	['tanə]
cedro (m)	Zeder (f)	['tseːdɐ]
choupo, álamo (m)	Pappel (f)	['papəl]
tramazeira (f)	Vogelbeerbaum (m)	['foːɡəlbeːɐˌbaʊm]
salgueiro (m)	Weide (f)	['vaɪdə]
amieiro (m)	Erle (f)	['ɛʁlə]
faia (f)	Buche (f)	['buːxə]
ulmeiro (m)	Ulme (f)	['ʊlmə]
freixo (m)	Esche (f)	['ɛʃə]
castanheiro (m)	Kastanie (f)	[kas'taːniə]
magnólia (f)	Magnolie (f)	[mag'noːliə]
palmeira (f)	Palme (f)	['palmə]
cipreste (m)	Zypresse (f)	[tsy'pʀɛsə]
mangue (m)	Mangrovenbaum (m)	[maŋ'ɡʀoːvənˌbaʊm]
embondeiro, baobá (m)	Baobab (m)	['baːobap]
eucalipto (m)	Eukalyptus (m)	[ɔɪka'lʏptʊs]
sequoia (f)	Mammutbaum (m)	['mamʊtˌbaʊm]

143. Arbustos

arbusto (m)	Strauch (m)	[ʃtʀaʊx]
arbusto (m), moita (f)	Gebüsch (n)	[ɡə'bʏʃ]

| videira (f) | Weinstock (m) | ['vaɪnˌʃtɔk] |
| vinhedo (m) | Weinberg (m) | ['vaɪnˌbɛʁk] |

framboeseira (f)	Himbeerstrauch (m)	['hɪmbeːɐ̯ˌʃtʀaʊ̯χ]
groselheira-preta (f)	schwarze Johannisbeere (f)	['ʃvaʁt͡sə joːˈhanɪsbeːʀə]
groselheira-vermelha (f)	rote Johannisbeere (f)	['ʀoːtə joːˈhanɪsbeːʀə]
groselheira (f) espinhosa	Stachelbeerstrauch (m)	['ʃtaχəlbeːɐ̯ˌʃtʀaʊ̯χ]

acácia (f)	Akazie (f)	[aˈkaːt͡siə]
bérberis (f)	Berberitze (f)	[bɛʁbəˈʀɪt͡sə]
jasmim (m)	Jasmin (m)	[jasˈmiːn]

junípero (m)	Wacholder (m)	[vaˈχɔldɐ]
roseira (f)	Rosenstrauch (m)	['ʀoːzənˌʃtʀaʊ̯χ]
roseira (f) brava	Heckenrose (f)	['hɛkənˌʀoːzə]

144. Frutos. Bagas

fruta (f)	Frucht (f)	[fʀʊχt]
frutas (f pl)	Früchte (pl)	['fʀʏçtə]
maçã (f)	Apfel (m)	['apfəl]
pera (f)	Birne (f)	['bɪʁnə]
ameixa (f)	Pflaume (f)	['pflaʊ̯mə]

morango (m)	Erdbeere (f)	['eːɐ̯tˌbeːʀə]
ginja (f)	Sauerkirsche (f)	['zaʊ̯ɐˌkɪʁʃə]
cereja (f)	Süßkirsche (f)	['zyːsˌkɪʁʃə]
uva (f)	Weintrauben (pl)	['vaɪnˌtʀaʊ̯bən]

framboesa (f)	Himbeere (f)	['hɪmˌbeːʀə]
groselha (f) preta	schwarze Johannisbeere (f)	['ʃvaʁt͡sə joːˈhanɪsbeːʀə]
groselha (f) vermelha	rote Johannisbeere (f)	['ʀoːtə joːˈhanɪsbeːʀə]
groselha (f) espinhosa	Stachelbeere (f)	['ʃtaχəlˌbeːʀə]
oxicoco (m)	Moosbeere (f)	['moːsˌbeːʀə]

laranja (f)	Apfelsine (f)	[apfəlˈziːnə]
tangerina (f)	Mandarine (f)	[ˌmandaˈʀiːnə]
ananás (m)	Ananas (f)	['ananas]

| banana (f) | Banane (f) | [baˈnaːnə] |
| tâmara (f) | Dattel (f) | ['datəl] |

limão (m)	Zitrone (f)	[t͡siˈtʀoːnə]
damasco (m)	Aprikose (f)	[ˌapʀiˈkoːzə]
pêssego (m)	Pfirsich (m)	['pfɪʁzɪç]

| kiwi (m) | Kiwi, Kiwifrucht (f) | ['kiːvi], ['kiːviˌfʀʊχt] |
| toranja (f) | Grapefruit (f) | ['gʀɛɪpˌfʀuːt] |

baga (f)	Beere (f)	['beːʀə]
bagas (f pl)	Beeren (pl)	['beːʀən]
arando (m) vermelho	Preiselbeere (f)	['pʀaɪzəlˌbeːʀə]
morango-silvestre (m)	Walderdbeere (f)	['valt͡eːɐ̯tˌbeːʀə]
mirtilo (m)	Heidelbeere (f)	['haɪdəlˌbeːʀə]

145. Flores. Plantas

| flor (f) | Blume (f) | ['blu:mə] |
| ramo (m) de flores | Blumenstrauß (m) | ['blu:mənˌʃtraʊs] |

rosa (f)	Rose (f)	['ʀo:zə]
tulipa (f)	Tulpe (f)	['tʊlpə]
cravo (m)	Nelke (f)	['nɛlkə]
gladíolo (m)	Gladiole (f)	[ˌgla'dɪo:lə]

centáurea (f)	Kornblume (f)	['kɔʀnˌblu:mə]
campânula (f)	Glockenblume (f)	['glɔkənˌblu:mə]
dente-de-leão (m)	Löwenzahn (m)	['løːvənˌtsa:n]
camomila (f)	Kamille (f)	[ka'mɪlə]

aloé (m)	Aloe (f)	['a:loe]
cato (m)	Kaktus (m)	['kaktʊs]
fícus (m)	Gummibaum (m)	['gʊmiˌbaʊm]

lírio (m)	Lilie (f)	['li:liə]
gerânio (m)	Geranie (f)	[ge'ʀa:nɪə]
jacinto (m)	Hyazinthe (f)	[hya'tsɪntə]

mimosa (f)	Mimose (f)	[mi'mo:zə]
narciso (m)	Narzisse (f)	[naʀ'tsɪsə]
capuchinha (f)	Kapuzinerkresse (f)	[ˌkapu'tsi:nɐˌkʀɛsə]

orquídea (f)	Orchidee (f)	[ɔʀçi'de:ə]
peónia (f)	Pfingstrose (f)	['pfɪŋstˌʀo:zə]
violeta (f)	Veilchen (n)	['faɪlçən]

amor-perfeito (m)	Stiefmütterchen (n)	['ʃti:fˌmʏtɐçən]
não-me-esqueças (m)	Vergissmeinnicht (n)	[ˌfɛɐ'gɪs·maɪn·nɪçt]
margarida (f)	Gänseblümchen (n)	['gɛnzəˌbly:mçən]

papoula (f)	Mohn (m)	[mo:n]
cânhamo (m)	Hanf (m)	[hanf]
hortelã (f)	Minze (f)	['mɪntsə]

| lírio-do-vale (m) | Maiglöckchen (n) | ['maɪˌglœkçən] |
| campânula-branca (f) | Schneeglöckchen (n) | ['ʃne:glœkçən] |

urtiga (f)	Brennnessel (f)	['bʀɛnˌnɛsəl]
azeda (f)	Sauerampfer (m)	['zaʊɐˌʔampfɐ]
nenúfar (m)	Seerose (f)	['ze:ˌʀo:zə]
feto (m), samambaia (f)	Farn (m)	[faʀn]
líquen (m)	Flechte (f)	['flɛçtə]

estufa (f)	Gewächshaus (n)	[ge'vɛksˌhaʊs]
relvado (m)	Rasen (m)	['ʀa:zən]
canteiro (m) de flores	Blumenbeet (n)	['blu:mən·be:t]

planta (f)	Pflanze (f)	['pflantsə]
erva (f)	Gras (n)	[gʀa:s]
folha (f) de erva	Grashalm (m)	['gʀa:sˌhalm]

folha (f)	Blatt (n)	[blat]
pétala (f)	Blütenblatt (n)	['bly:tən͵blat]
talo (m)	Stiel (m)	[ʃti:l]
tubérculo (m)	Knolle (f)	['knɔlə]

| broto, rebento (m) | Jungpflanze (f) | ['jʊŋ͵pflantsə] |
| espinho (m) | Dorn (m) | [dɔʁn] |

florescer (vi)	blühen (vi)	['bly:ən]
murchar (vi)	welken (vi)	['vɛlkən]
cheiro (m)	Geruch (m)	[gə'ʁʊx]
cortar (flores)	abschneiden (vt)	['apʃnaɪdən]
colher (uma flor)	pflücken (vt)	['pflʏkən]

146. Cereais, grãos

grão (m)	Getreide (n)	[gə'tʁaɪdə]
cereais (plantas)	Getreidepflanzen (pl)	[gə'tʁaɪdə͵pflantsən]
espiga (f)	Ähre (f)	['ɛ:ʁə]

trigo (m)	Weizen (m)	['vaɪtsən]
centeio (m)	Roggen (m)	['ʁɔgən]
aveia (f)	Hafer (m)	['ha:fɐ]
milho-miúdo (m)	Hirse (f)	['hɪʁzə]
cevada (f)	Gerste (f)	['gɛʁstə]

milho (m)	Mais (m)	['maɪs]
arroz (m)	Reis (m)	[ʁaɪs]
trigo-sarraceno (m)	Buchweizen (m)	['bu:x͵vaɪtsən]

ervilha (f)	Erbse (f)	['ɛʁpsə]
feijão (m)	weiße Bohne (f)	['vaɪsə 'bo:nə]
soja (f)	Sojabohne (f)	['zo:ja͵bo:nə]
lentilha (f)	Linse (f)	['lɪnzə]
fava (f)	Bohnen (pl)	['bo:nən]

PAÍSES. NACIONALIDADES

147. Europa Ocidental

Europa (f)	Europa (n)	[ɔɪ'ʀo:pa]
União (f) Europeia	Europäische Union (f)	[ˌɔɪʀo'pɛ:ɪʃə ʔu'njo:n]
Áustria (f)	Österreich (n)	['ø:stəʀaɪç]
Grã-Bretanha (f)	Großbritannien (n)	[gʀo:s·bʀi'tanɪən]
Inglaterra (f)	England (n)	['ɛŋlant]
Bélgica (f)	Belgien (n)	['bɛlgɪən]
Alemanha (f)	Deutschland (n)	['dɔɪtʃlant]
Países (m pl) Baixos	Niederlande (f)	['ni:dəˌlandə]
Holanda (f)	Holland (n)	['hɔlant]
Grécia (f)	Griechenland (n)	['gʀi:çənˌlant]
Dinamarca (f)	Dänemark (n)	['dɛ:nəˌmaʀk]
Irlanda (f)	Irland (n)	['ɪʀlant]
Islândia (f)	Island (n)	['i:slant]
Espanha (f)	Spanien (n)	['ʃpa:nɪən]
Itália (f)	Italien (n)	[i'ta:lɪən]
Chipre (m)	Zypern (n)	['tsy:pɛn]
Malta (f)	Malta (n)	['malta]
Noruega (f)	Norwegen (n)	['nɔʀˌve:gən]
Portugal (m)	Portugal (n)	['pɔʀtugal]
Finlândia (f)	Finnland (n)	['fɪnlant]
França (f)	Frankreich (n)	['fʀaŋkʀaɪç]
Suécia (f)	Schweden (n)	['ʃve:dən]
Suíça (f)	Schweiz (f)	[ʃvaɪts]
Escócia (f)	Schottland (n)	['ʃɔtlant]
Vaticano (m)	Vatikan (m)	[vati'ka:n]
Liechtenstein (m)	Liechtenstein (n)	['lɪçtənʃtaɪn]
Luxemburgo (m)	Luxemburg (n)	['lʊksəmˌbʊʀk]
Mónaco (m)	Monaco (n)	[mo'nako]

148. Europa Central e de Leste

Albânia (f)	Albanien (n)	[al'ba:nɪən]
Bulgária (f)	Bulgarien (n)	[bʊl'ga:ʀɪən]
Hungria (f)	Ungarn (n)	['ʊŋgaʀn]
Letónia (f)	Lettland (n)	['lɛtlant]
Lituânia (f)	Litauen (n)	['lɪtauən]
Polónia (f)	Polen (n)	['po:lən]

Roménia (f)	Rumänien (n)	[ʀu'mɛːnɪən]
Sérvia (f)	Serbien (n)	['zɛʀbɪən]
Eslováquia (f)	Slowakei (f)	[slova'kaɪ]

Croácia (f)	Kroatien (n)	[kʀo'aːtsɪən]
República (f) Checa	Tschechien (n)	['tʃɛçɪən]
Estónia (f)	Estland (n)	['ɛstlant]

Bósnia e Herzegovina (f)	Bosnien und Herzegowina (n)	['bɔsnɪən ʊnt ˌhɛʀtsə'gɔvinaː]
Macedónia (f)	Makedonien (n)	[makə'doːnɪən]
Eslovénia (f)	Slowenien (n)	[slo've:nɪən]
Montenegro (m)	Montenegro (n)	[mɔnte'neːgʀo]

149. Países da ex-URSS

| Azerbaijão (m) | Aserbaidschan (n) | [ˌazɛʀbaɪ'dʒaːn] |
| Arménia (f) | Armenien (n) | [aʀ'meːnɪən] |

Bielorrússia (f)	Weißrussland (n)	['vaɪsˌʀʊslant]
Geórgia (f)	Georgien (n)	[ge'ɔʀgɪən]
Cazaquistão (m)	Kasachstan (n)	['kaːzaχˌstaːn]
Quirguistão (m)	Kirgisien (n)	['kɪʀgiːzɪən]
Moldávia (f)	Moldawien (n)	[mɔl'daːvɪən]

| Rússia (f) | Russland (n) | ['ʀʊslant] |
| Ucrânia (f) | Ukraine (f) | [ˌukʀa'iːnə] |

Tajiquistão (m)	Tadschikistan (n)	[ta'dʒiːkɪstaːn]
Turquemenistão (m)	Turkmenistan (n)	[tʊʀk'meːnɪstaːn]
Uzbequistão (f)	Usbekistan (n)	[ʊs'beːkɪstaːn]

150. Asia

Ásia (f)	Asien (n)	['aːzɪən]
Vietname (m)	Vietnam (n)	[vɪɛt'nam]
Índia (f)	Indien (n)	['ɪndɪən]
Israel (m)	Israel (n)	['ɪsʀaeːl]

China (f)	China (n)	['çiːna]
Líbano (m)	Libanon (m, n)	['liːbanɔn]
Mongólia (f)	Mongolei (f)	[ˌmɔŋgo'laɪ]

| Malásia (f) | Malaysia (n) | [ma'laɪzɪa] |
| Paquistão (m) | Pakistan (n) | ['paːkɪstaːn] |

Arábia (f) Saudita	Saudi-Arabien (n)	[ˌzaʊdiʔa'ʀaːbɪən]
Tailândia (f)	Thailand (n)	['taɪlant]
Taiwan (m)	Taiwan (n)	[taɪ'vaːn]
Turquia (f)	Türkei (f)	[tʏʀ'kaɪ]
Japão (m)	Japan (n)	['jaːpan]
Afeganistão (m)	Afghanistan (n)	[afˈgaːnɪstaːn]

Bangladesh (m)	Bangladesch (n)	[ˌbaŋglaˈdɛʃ]
Indonésia (f)	Indonesien (n)	[ɪndoˈneːzɪən]
Jordânia (f)	Jordanien (n)	[jɔʁˈdaːnɪən]
Iraque (m)	Irak (m, n)	[iˈʁaːk]
Irão (m)	Iran (m, n)	[iˈʁaːn]
Camboja (f)	Kambodscha (n)	[kamˈbɔdʒa]
Kuwait (m)	Kuwait (n)	[kuˈvaɪt]
Laos (m)	Laos (n)	[ˈlaːɔs]
Myanmar (m), Birmânia (f)	Myanmar (n)	[ˈmɪanmaːɐ]
Nepal (m)	Nepal (n)	[ˈneːpal]
Emirados Árabes Unidos	Vereinigten Arabischen Emirate (pl)	[fɛɐˈʔaɪnɪgən aˈʁaːbɪʃən emiˈʁaːtə]
Síria (f)	Syrien (n)	[ˈzyːʁɪən]
Palestina (f)	Palästina (n)	[palɛsˈtiːna]
Coreia do Sul (f)	Südkorea (n)	[ˈzyːtkoˈʁeːa]
Coreia do Norte (f)	Nordkorea (n)	[ˈnɔʁt·koˈʁeːa]

151. America do Norte

Estados Unidos da América	Die Vereinigten Staaten	[di fɛɐˈʔaɪnɪçtən ˈʃtaːtən]
Canadá (m)	Kanada (n)	[ˈkanada]
México (m)	Mexiko (n)	[ˈmɛksikoː]

152. America Centrale do Sul

Argentina (f)	Argentinien (n)	[ˌaʁgɛnˈtiːnɪən]
Brasil (m)	Brasilien (n)	[bʁaˈziːlɪən]
Colômbia (f)	Kolumbien (n)	[koˈlʊmbɪən]
Cuba (f)	Kuba (n)	[ˈkuːba]
Chile (m)	Chile (n)	[ˈtʃiːlə]
Bolívia (f)	Bolivien (n)	[boˈliːvɪən]
Venezuela (f)	Venezuela (n)	[ˌveneˈtsueːla]
Paraguai (m)	Paraguay (n)	[ˈpaːʁagvaɪ]
Peru (m)	Peru (n)	[peˈʁuː]
Suriname (m)	Suriname (n)	[syʁiˈnaːmə]
Uruguai (m)	Uruguay (n)	[ˈuːʁugvaɪ]
Equador (m)	Ecuador (n)	[ˌekuaˈdoːɐ]
Bahamas (f pl)	Die Bahamas	[di baˈhaːmaːs]
Haiti (m)	Haiti (n)	[haˈiːti]
República (f) Dominicana	Dominikanische Republik (f)	[dominiˌkaːnɪʃə ʁepuˈblik]
Panamá (m)	Panama (n)	[ˈpanamaː]
Jamaica (f)	Jamaika (n)	[jaˈmaɪka]

153. Africa

Egito (m)	Ägypten (n)	[ɛ'ɡʏptən]
Marrocos	Marokko (n)	[ˌma'ʀɔko]
Tunísia (f)	Tunesien (n)	[tu'neːzɪən]
Gana (f)	Ghana (n)	['ɡaːna]
Zanzibar (m)	Sansibar (n)	['zanzibaːɐ]
Quénia (f)	Kenia (n)	['keːnia]
Líbia (f)	Libyen (n)	['liːbyən]
Madagáscar (m)	Madagaskar (n)	[ˌmada'ɡaskaɐ]
Namíbia (f)	Namibia (n)	[na'miːbia]
Senegal (m)	Senegal (m)	['zeːneɡal]
Tanzânia (f)	Tansania (n)	[tan'zaːnɪa]
África do Sul (f)	Republik Südafrika (f)	[ʀepu'bliːk zyːtˌʔaːfʀika]

154. Australia. Oceania

Austrália (f)	Australien (n)	[aʊs'tʀaːlɪən]
Nova Zelândia (f)	Neuseeland (n)	[nɔɪ'zeːlant]
Tasmânia (f)	Tasmanien (n)	[tas'maːnɪən]
Polinésia Francesa (f)	Französisch-Polynesien (n)	[fʀan'tsøːzɪʃ poly'neːzɪən]

155. Cidades

Amesterdão	Amsterdam (n)	[ˌamstɐ'dam]
Ancara	Ankara (n)	['aŋkaʀa]
Atenas	Athen (n)	[a'teːn]
Bagdade	Bagdad (n)	['bakdat]
Banguecoque	Bangkok (n)	['baŋkɔk]
Barcelona	Barcelona (n)	[ˌbaʁsə'loːnaː]
Beirute	Beirut (n)	[baɪ'ʀuːt]
Berlim	Berlin (n)	[bɛɐ'liːn]
Bombaim	Bombay (n)	['bɔmbeɪ]
Bona	Bonn (n)	[bɔn]
Bordéus	Bordeaux (n)	[bɔɐ'doː]
Bratislava	Bratislava (n)	[bʀatɪs'laːva]
Bruxelas	Brüssel (n)	['bʀʏsəl]
Bucareste	Bukarest (n)	['bukaʀɛst]
Budapeste	Budapest (n)	['buːdaˌpɛst]
Cairo	Kairo (n)	['kaɪʀo]
Calcutá	Kalkutta (n)	[kal'kʊta]
Chicago	Chicago (n)	[ʃɪ'kaːgo]
Cidade do México	Mexiko-Stadt (n)	['mɛksiko 'ʃtat]
Copenhaga	Kopenhagen (n)	[ˌkopən'haːgən]
Dar es Salaam	Daressalam (n)	[daʀɛsa'laːm]

Deli	Delhi (n)	['dɛli]
Dubai	Dubai (n)	['du:baɪ]
Dublin, Dublim	Dublin (n)	['dablɪn]
Düsseldorf	Düsseldorf (n)	['dʏsəl‚dɔʁf]
Estocolmo	Stockholm (n)	['ʃtɔkhɔlm]
Florença	Florenz (n)	[flo'ʁɛnts]
Frankfurt	Frankfurt (n)	['fʁaŋkfʊʁt]
Genebra	Genf (n)	[gɛnf]
Haia	Den Haag (n)	[den 'ha:k]
Hamburgo	Hamburg (n)	['hambʊʁk]
Hanói	Hanoi (n)	[ha'nɔɪ]
Havana	Havanna (n)	[ha'vana]
Helsínquia	Helsinki (n)	['helsiŋki]
Hiroshima	Hiroshima (n)	[hiʁo'ʃi:ma]
Hong Kong	Hongkong (n)	['hɔŋkɔŋ]
Istambul	Istanbul (n)	['ɪstambu:l]
Jerusalém	Jerusalem (n)	[je'ʁu:zalɛm]
Kiev	Kiew (n)	['ki:ɛf]
Kuala Lumpur	Kuala Lumpur (n)	[ku'ala 'lʊmpʊʁ]
Lisboa	Lissabon (n)	['lɪsabɔn]
Londres	London (n)	['lɔndɔn]
Los Angeles	Los Angeles (n)	[lɔs'ændʒəlɪs]
Lyon	Lyon (n)	[li'ɔŋ]
Madrid	Madrid (n)	[ma'dʁɪt]
Marselha	Marseille (n)	[maʁ'sɛ:j]
Miami	Miami (n)	[maj'ɛmɪ]
Montreal	Montreal (n)	[mɔntʁe'al]
Moscovo	Moskau (n)	['mɔskaʊ]
Munique	München (n)	['mʏnçən]
Nairóbi	Nairobi (n)	[naɪ'ʁo:bi]
Nápoles	Neapel (n)	[ne'apəl]
Nisa	Nizza (n)	['nɪtsa:]
Nova York	New York (n)	[nju: 'jɔ:k]
Oslo	Oslo (n)	['ɔslo:]
Ottawa	Ottawa (n)	[ɔ'tava]
Paris	Paris (n)	[pa'ʁi:s]
Pequim	Peking (n)	['pe:kɪŋ]
Praga	Prag (n)	[pʁa:k]
Rio de Janeiro	Rio de Janeiro (n)	['ʁi:o de: ʒa'ne:ʁo]
Roma	Rom (n)	[ʁo:m]
São Petersburgo	Sankt Petersburg (n)	['sankt 'pe:tɛsbʊʁk]
Seul	Seoul (n)	[ze'u:l]
Singapura	Singapur (n)	['zɪŋgapu:ɐ]
Sydney	Sydney (n)	['sɪdnɪ]
Taipé	Taipeh (n)	[taɪ'pe:]
Tóquio	Tokio (n)	['to:kɪo:]
Toronto	Toronto (n)	[to'ʁɔnto]
Varsóvia	Warschau (n)	['vaʁʃaʊ]

Veneza	**Venedig** (n)	[ve'ne:dɪç]
Viena	**Wien** (n)	[viːn]
Washington	**Washington** (n)	['vɔʃɪŋtən]
Xangai	**Schanghai** (n)	[ʃaŋ'haɪ]

www.ingramcontent.com/pod-product-compliance
Lightning Source LLC
Chambersburg PA
CBHW061954070426
42450CB00011BA/2862